学習者コーパスと日本語教育研究

LEARNERS' CORPORA AND
JAPANESE LANGUAGE EDUCATION RESEARCH

野田尚史・迫田久美子(編)

くろしお出版

Learners' Corpora and Japanese Language Education Research

© Hisashi NODA and Kumiko SAKODA

First published 2019

All rights reserved. No part of this publication may be reproduced, stored in a retrieval system, or transmitted in any form or by any means, without the prior permission in writing of Kurosio Publishers.

Kurosio Publishers
4-3 Nibancho, Chiyoda-ku, Tokyo 102-0084, Japan

ISBN 978-4-87424-800-3
Printed in Japan

目　次

本書の目的と構成 v

第1部　学習者コーパスの構築と研究方法

日本語学習者はどのように聞いているか .... 小林　典子　3
　―ディクテーション・コーパスから見えてくるもの―
　　1.　はじめに　3
　　2.　ディクテーションについて　4
　　3.　収集方法と資料化　8
　　4.　学習者のディクテーションの考察　10
　　5.　今後へ向けたコーパス設計　18
　　6.　おわりに　21

読んで理解する過程の解明 .... 野田　尚史　23
　―「読解コーパス」の開発―
　　1.　この論文の主張　23
　　2.　読解研究の必要性　24
　　3.　読解調査の方法　27
　　4.　「読解コーパス」の開発　29
　　5.　学習内容と実際の読解に必要な技術の違い　34
　　6.　語彙や漢字の知識による推測の成功例と失敗例　36
　　7.　学習者独自の文法による推測の成功例と失敗例　37
　　8.　既有知識による推測の成功例と失敗例　38
　　9.　まとめ　40

未来の研究に向けたデータ収集 .... 渋谷　勝己　43
　―第二言語の習得・維持・摩滅の過程を解明するために―
　　1.　はじめに　43
　　2.　事例：パラオに残存する日本語変種の維持・摩滅のプロセス研究　45
　　3.　会話データでわかることとわからないこと　56
　　4.　おわりに　61

第 2 部　学習者コーパスによる語彙研究

タスク遂行の鍵となる形態素 ……………………………… 山内　博之　65
―KY コーパスへの話題タグと機能タグの付与―

1. この論文の主張　65
2. 超級話者であることを特徴づける文法形態素　66
3. KY コーパスへの話題タグと機能タグの付与　70
4. 機能タグから見る「こう」「っていう」の出現条件　73
5. 話題タグから見る「こう」「っていう」の出現条件　76
6. 上級と超級の発話の質の違い　78
7. まとめ　84

学習者の語彙使用は習熟度を反映しているか …………… 李　在鎬　87
―学習者コーパスの定量的分析―

1. はじめに　87
2. 先行研究　88
3. データと方法　89
4. 結果　93
5. 考察　98
6. まとめ　102

第 3 部　学習者コーパスによる文法研究

気づきやすいコロケーション・気づきにくいコロケーション
―母語話者と学習者の書き言葉コーパスの比較から― …… 中俣　尚己　107

1. はじめに　107
2. 先行研究　108
3. リサーチ・クエスチョン　111
4. 「たことがある／たことがない」のケーススタディ　111
5. 「てみる」のケーススタディ　118
6. 考察　123
7. おわりに　124

名詞述語文の習得に関わるねじれ文と「は」「が」の誤用について
——学習者の縦断的な作文コーパスの分析から——……砂川有里子　127

1. はじめに　127
2. 分析データの詳細　129
3. 「名詞述語文」の分類と「誤用」の規定　130
4. 名詞述語文と誤用の出現頻度　132
5. ねじれ文　137
6. 「は」と「が」の誤用　141
7. 日本語教育への示唆　146

第4部　学習者コーパスによるバリエーション研究

話すタスクと書くタスクに見る日本語のバリエーション
——日本語学習者コーパス I-JAS の分析に基づいて——……迫田久美子　151

1. はじめに　151
2. タスクと言語使用に関する第二言語習得研究　152
3. 分析調査の概要　154
4. 分析調査の結果　156
5. おわりに　166

年齢と環境要因による習得プロセスの違い……橋本ゆかり　169
——コーパスから探る習得順序——

1. 研究の目的　169
2. 研究のアプローチ　170
3. L1 幼児の習得の段階性　171
4. L2 大人の習得の段階性　173
5. L2 幼児の習得の段階性　178
6. L1 幼児, L2 大人, L2 幼児の習得順序における共通性と差異　183
7. 習得プロセスに影響する要因と特徴のまとめ　187

あとがき……南　雅彦　191
——学習者コーパスと日本語実用言語学国際会議——

執筆者紹介……194

本書の目的と構成

　本書の目的は，日本語学習者の言語データを集めたコーパスをどのように拡充させていけばよいか，また，すでにできているコーパスをどのように活用して日本語教育研究を行えばよいかを示すことである。

　日本語教育に実際に役立つ研究を行うためには，理論から出発するより学習者の言語データから出発するのがよいことが多い。しかし，個人で集められるデータには限りがある。そのため，データをコーパスとして公開し，共有することが重要になる。

　同じデータをもとにしても，研究者によって注目することが違うことが多い。公開されたコーパスがあれば，1つのデータからさまざまな研究が行われる可能性も高くなる。

　日本語学習者の言語データを集めたものとしては，古くは佐治圭三による『外国人の日本語作文に見られる誤用例集』(1980年) や，寺村秀夫による『外国人学習者の日本語誤用例集』(1990年) などが冊子体の科研費報告書として編まれたが，あまり活用されていなかった。その後，上村隆一による「インタビュー形式による日本語会話データベース」(1998年〜) や，鎌田修と山内博之による「KYコーパス」(1999年〜) が電子データとして提供されるようになり，2000年代からコーパスを活用した研究が少しずつ盛んになってきた。

　現在は，日本だけでなく，海外でもさまざまなコーパスが作られ，インターネットでの公開も進んでいる。しかし，日本語学習者の日本語を分析し，日本語教育に役立つ研究を行うためには，さらにさまざまなタイプのコーパスを作っていく必要がある。また，コーパスを使った研究のテーマや研究方法をさらに多様化する必要がある。

　本書では，これまでのものとは違うタイプのコーパスを構築することを提案するとともに，すでに構築されているコーパスを使いながら新しいタイプの研究を行った例を示す。今後のコーパス構築やコーパスを活用した研究に刺激を与えたいからである。

本書の構成は，次のようになっている。

第1部は「学習者コーパスの構築と研究方法」で，次の3つの論文が収められている。小林典子の論文では，学習者の聴解の実態がわかるコーパスの構築を提案し，そのようなデータを使った研究例を示している。野田尚史の論文では，学習者の読解の実態がわかるコーパスの構築を提案し，そのようなデータを使った研究例を示している。渋谷勝己の論文では，収集の目的が明確ではないデータを蓄積することの重要性を指摘し，そのようなデータを使った研究例を示している。

第2部は「学習者コーパスによる語彙研究」で，次の2つの論文が収められている。山内博之の論文では，学習者は「こう」と「っていう」のような文法形態素をどのように使っているかを，KYコーパスに話題タグと機能タグを付けた上で明らかにしている。李在鎬の論文では，学習者の日本語習熟度によって，使っている語彙の難易度や語種がどう違うかを分析している。

第3部は「学習者コーパスによる文法研究」で，次の2つの論文が収められている。中俣尚己の論文では，母語話者のコーパスと学習者のコーパスを比較し，母語話者にも学習者にも見られるコロケーションと母語話者には見られるが学習者には見られないコロケーションがあることを指摘している。砂川有里子の論文では，学習者の縦断的なコーパスを使って名詞述語文を分析し，ねじれ文と「は」「が」の誤用がどのような習得段階でどのように現れるかを明らかにしている。

第4部は「学習者コーパスによるバリエーション研究」で，次の2つの論文が収められている。迫田久美子の論文では，学習者に同じ課題を与えて話してもらったときと書いてもらったときで，受身や助詞のような文法形式の使用が違うかどうかを分析している。橋本ゆかりの論文では，第1言語として日本語を習得中の幼児と，第2言語として日本語を習得中の大人，さらに第2言語として日本語を習得中の幼児のデータを比較し，それぞれの文法形式の習得順序を明らかにしている。

本書をきっかけに，学習者コーパスを使った日本語教育研究がさらに充実していくことを願っている。

（野田尚史・迫田久美子）

第1部

学習者コーパスの構築と研究方法

日本語学習者はどのように聞いているか
―ディクテーション・コーパスから見えてくるもの―

小林　典子

1. はじめに

　人がどのように音声情報を受け取り，認知し，理解または誤解に至っているのか，聞いて理解するという受容の過程を知るのは難しい。この過程の解明のために，脳科学，認知心理学，情報工学など，様々な分野からの研究が進められているが，外国語教育の分野からも，外国語を学習者がどのように聞き取っているのか観察し分析することによって聴解過程の解明に寄与できると考える。

　外国語としての日本語を学習者が聞いているとき，彼らの頭の中では何が起こっているのか，頭の中を覗いてそれを知ることはできない。したがって，彼らの何らかの産出をとおして彼らの理解状況を分析するしかない。たとえば，日本語教師は聴解のクラスで，内容についての質問に口頭で答えさせる，要約文を書かせる，ディクテーションを課すなどによって理解の様子を確認する。この論文は，日本語学習者によるディクテーションを収集して整理した資料集をもとに聴解過程を考察すること，および学習者によるディクテーション・コーパスの構築を提案することを目的とする。**2.** では，ディクテーションとはどのような行為なのか，なぜディクテーションが聴解過程の考察に役立つのかを述べる。**3.** では筆者が試みた収集方法について述べる。**4.** では学習者のディクテーション資料集の中から興味深い例を紹介し，学習者がどのように聞いているかを考察する。**5.** では，日本語および日本語教育の研究に資

するために，どのようなコーパスがあればいいのか検討する。

2. ディクテーションについて
2.1 音声聴取とディクテーションについて

　ディクテーションという用語は発話された音声を聞きながらそのとおりに書き取る行為を意味するが，同時に書き取らせる素材も書き取られたものに対しても一般的に使用されている。この論文では，書き取る行為および書き取られたものをディクテーションと呼ぶことにし，書き取らせるものを「音声素材」と呼ぶ。ディクテーションをすることについては，「書き取る」とも使う。標題のディクテーション・コーパスとは，学習者が書き取ったものを集めたデータ集という意味である。

　発話の全部を一字一句逃さず書き取るディクテーションのほかに，スクリプトの一部分を空欄にした部分的な書き取り活動もある。また，英語のような単語の単位がはっきりした言語では，「○○番目の単語を書きなさい」というような指示で書き取る単語のみのディクテーションもある。ディクテーションの方法が異なれば，書き取りの行動過程は異なり，その書き取られたものも異なってくる。同じ音声素材であっても，書き取れたり書き取れなかったりする。また，音声素材の特徴によっても影響を受ける。発話速度が速いか遅いか，ポーズの回数や長さはどうか，発音は明瞭か，話題は馴染みのあるものか，日常会話なのか，ニュースなのか，講演なのかなど，ディクテーションに影響を与える要因は多様である。したがって聴解過程の解明のために，多様な音声素材のディクテーションを収集することは意味がある。音が聞こえていてもそれを捉えて書き取ることができないのはなぜか，逆に書き取れるのはなぜか，また，音がないにもかかわらず書き取るのはなぜかを考えていくことは，聴解の過程，言語習得の過程の解明につながるものである。

　この論文では，日本語のディクテーションを考察していくが，その前に，英語母語話者による英単語のディクテーション例を紹介したい。Scovel (1998) は複数の英語母語話者に下記に示す英文を聞かせて6番目の単語を書き取るように指示し，その結果について述べている。この

読み上げ文の「eel」の前に下線があるが，これは発音されていないという意味である。

　（1）　It was found that the __eel was on the axle.
　（2）　It was found that the __eel was on the shoe.
　（3）　It was found that the __eel was on the orange.
　（4）　It was found that the __eel was on the table.

実際に発音された6番目の単語はeelであったが，母語話者はこの単語を（1）の文中ではwheelに，（2）ではheelに，（3）ではpeelに，（4）ではmealに書き取ったという。このことは，人は音声をそのまま正確に聞いているのではなく，意味が成り立つように解釈して聞いていることを示している。この場合も，文全体の意味が辻褄の合うように聞いている。このディクテーションは，人は自分が納得するように聞こうとし，そのためには発音されていない音も聞こえてしまうという認知の特徴を示す実験である。決して物理的な音そのものを正確に受容しているのではないことを示している。

　日本語学習者のディクテーションを見ていると，彼らも意味ある文として聞き取ろうとし，それを書き取ろうとしていることがわかる。しかし，日本語能力の不足，背景知識の不足などから，彼らは書き取りに失敗する。日本語能力が高いほど正確な書き取りができ，低いほどできないことは，現場の教師たち皆が周知していることである。Oller（1971）はディクテーションが外国語の総合的な能力を測るのに有効だとし，Kaga（1991）も日本語においてもディクテーションが言語能力を測定するのに有効であると主張している。つまり，言語能力を利用しなければ，聞き取って書き取ることができないということである。

　物理的な音の連なりである音声から人はどのようにして意味のある言葉として認識し，理解に至るのだろうか。連続する音は音変化を起こして歪みのあるものとなっているうえ，漢字も見えず，句点や読点もない。したがって文字のように音韻や単語の区切りを見ることができない。また，文の終わりのポーズが文中の語と語の間に挟まれるポーズより必ずしも長いとは限らないため，日本語能力の低い学習者にとっては

文の終わりもわかりにくいことがある。一度聞き損なうとそのまま消えてなくなり，文字のように再読できない。たとえば，「イクラカイシャガイソガシクテモヤッパリシンダラオワリ」のような音が連なっているとしよう。このカタカナで表示した文字は現実の音声では，決して1文字ずつがこの表記通りの基本の音ではなく，変形しているため，平仮名を知っていても，書き取りには失敗する。日本語の知識がなければ，このような連続する音を区切って文の構造を把握することは難しい。

　文中の極めて短い単位，たとえば1モーラか2モーラ程度の音声だけを切り取って聞かされても，不明瞭でわかりにくく，その音を同定することは難しい。しかし，徐々にその音声の前後を加えてつなぎ，より広い範囲にして聞かされると，同定できなかった音が明瞭に聞こえてくるという認知の現象がある。実際に発話されている音は音変化や脱落を起こして文字表記通りの音ではないため，切り取られたごく短い音は何なのかわかりにくい。しかし，聞き取る範囲が広がると，その音を意味につなげようと崩れた音や消失した音を知識によって修復して聞き取るのである。柏野牧夫（2002）は次のように述べている。

　　私たちが知覚する音の世界は，耳に入ってくる音の物理的特性とは単純に対応しない。場合によっては，逆転すら生じる。両者のずれを錯覚と呼ぶなら，まさに聴覚は錯覚に満ちている。　　（p. 22）

また，読み上げ文章の音声から100–200ミリ秒程度の音声を一定間隔ごとに削除し，代わりに雑音を挿入すると，修復して知覚されるという実験結果から，次のように述べている。

　　聴取者が意識していなくても，脳は，雑音の部分に本来どのような音が存在しているはずであるかを，その前後の残った部分から解釈して補っている。私たちの聞いている音は，そのような解釈の産物である。　　（p. 23）

　人が正しく錯覚して聞き取る能力は総合的な言語能力と関係していると思われる。先に例を示した英語母語話者のディクテーションでは，物理的にはない音を正しく錯覚して聞き取った例である。一方，学習者のディクテーションもまた，彼らの解釈による錯覚が記述されているもの

とみなせよう。

ディクテーションを利用して筧寿雄ほか（1979）は英語学習者の誤りについて、また、フォード順子（1992）、新屋映子（1993）、フォード丹羽順子（1996）、築山さおり（2014）などは日本語学習者の誤りについて分析を行っている。いずれもディクテーションの分析が学習者の聞き取りの実態を明らかにし、習得および聴解の過程を示していると述べている。

2.2 学習者のディクテーションと意味理解の関係について

音声を書き取れているからといって、意味を理解しているという保証はない。また、不正確な書き取りをしていても意味は理解している場合もある。ディクテーションには図1のようにA〜Dが考えられる。

A 意味を理解し、正確に書き取れている。
B 意味は理解していないが、正確に書き取れている。
（「そうなんです」と正確に書き取れていても、学習者は「そう、何です？」と思っている場合がある。）
C 意味は理解しているが、正確に書き取れていない。
（「また」と「まだ」については、単に表記の問題なのか、意味も間違えているのか、ディクテーションだけでは判断できない。）
D 意味も理解しておらず正確に書き取れてもいない。
（「サラダ」を「皿」と表記するなどの場合）

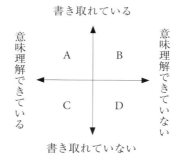

図1　ディクテーションデータの状況

フォード順子（1992）の例を見てみよう。モデル文（5）（正確に文字化されたものをモデル文と呼ぶことにする。）の場面は，仕事仲間の男性と女性がデートをしている場面での発話であるが，学習者は下線部分を（6）や（7）のように書き取っている。（6）では「仕事が出来ている」と誤解をしている。また（7）の場合は，音は書き取れているが，「仕事で，来ている」のか「仕事が出来ている」のかどちらの意味で理解しているのかがわからない。

（5）（モデル文）男性：「<u>仕事で来ている</u>わけじゃないんだから。」
（6）「仕事出来ている」
（7）「仕事できている」

この例が示すように，ディクテーションと聴解の関係については，慎重に扱わなければならない。しかし，それでもなお学習者のディクテーションは彼らの聞き取りの実態を探る貴重な資料だと考える。

3. 収集方法と資料化

この論文は筆者が収集した「外国人日本語学習者によるディクテーション資料集」をもとに論じていくので，その資料集の作成方法についてまず述べておく。この資料集作成の経験は，今後のコーパス設計への参考になると考えるからである。なお，この論文では以後「資料集」と呼ぶ。

3.1 音声素材について

利用した音声素材はテレビの報道番組の中にある1つのセクションで，それはナレーション部分，街頭インタビュー部分，キャスター同士の対談部分の3部で構成されている。音声の崩れが最も激しく聞き取りにくいのは一般人の発話である街頭インタビューで，最も明瞭で聞き取りやすいのはナレーションであった。学習者の誤りもナレーション部分は少な目であった。

毎回，話題が1つ取り上げられており，1回3部の合計時間は5分程度である。資料集には，家事分担について，働きすぎについて，ボーナ

スについてなど，6回分（6つの話題）の学習者のディクテーションを収集してある。

3.2 ディクテーションの収集方法

先に述べたビデオ教材を上級聴解クラスで利用し，宿題として全文の音声のディクテーションを課した。学習者はそれぞれのやり方で何度でも自由に聞き返しながら書き取っている。また，学習者の能力によっては負担が大きすぎると感じたため，学習者が自分のやりたい部分のみを提出するのも自由にした。このように教育目的で行った宿題だったため，研究目的の実験のように聞く回数を制限するなどの統制をしていないこと，語彙や表現の手当てはある程度受けた後であることなどから，この資料集は，厳密な意味では，研究用資料として不十分なものとなっている。将来の研究目的のコーパス設計では改善する必要がある。しかしながら，これを資料として整理することで，やはり，学習者の聞き取りの傾向が見られた。

3.3 ディクテーションの資料化の方法

資料化したのは，6種類の話題（各々約5分）について延べ173人分のディクテーションである。まず，日本語母語話者5人のディクテーションをもとに，モデル文を作成した。音声が不明瞭でよく聞き取れない場合などで5人の間で異なる表記になった場合には，多数のほうをモデルとして採用した。たとえば，「だあ」という音声にたいして，2人が「だから」とし，3人が「だけど」とした箇所では，「だけど」を採用した。母語話者のディクテーションも1つとは限らないのである。

このモデル文と照合できるように，学習者の誤ったディクテーションをモデル文に対応させて記録した。また，学習者の誤りには，それぞれ，学習者ID番号を付して，学習者の属性（母語，日本語能力，など）と関連づけられるようにした。モデル文は基本的には文節単位に区切って示してあるが，学習者は文節と関係なしに誤って区切ることがある。「跨る」を「また，がる」のように区切ってみたり，いくつかの文節を

合体して別の単語として書き取っていたりするため，紙上で見やすく整理するのには限界がある。たとえば，「いくら会社が忙しくても」というのを聞いて「いくらかいしょうかいしょうしても」「いくらかいしょわしても」などと書いている。「会社が忙しくても」が聞き取れずに，この部分全体を似たような音として書き取っている。このような場合，モデル文の複数の文節に対応させて学習者の間違ったディクテーションを記録することになる。つまり，モデル文の単位に合わせて学習者のディクテーションを整理するという筆者の取った方法には，紙面の制約から無理が生じ，正確な記述が不可能な場合もあった。この問題は今後の電子コーパス設計による解決を期待する。

4. 学習者のディクテーションの考察
4.1 文脈から類推して聞く関連語彙

　学習者は文脈やよく知っている語彙などから，まず意味の世界を絞り込み，その前後の音声を類推しながら聞いているようだ。そのような例を見ていこう。以降の例はすべて資料集からのものである。各例文はモデル文の一部で，下線部分について学習者がどのように書き取っているかをその下に並べて示す。モデル文の話題は「」内に，また街頭インタビューは「インタビュー」，キャスター同士の対談は「対談」と示す。

　モデル文（8）の下線部分「忙しくても」の誤りを見てみよう。

　　（8）　いくら会社が<u>忙しくても</u>　　　　（「働きすぎ」インタビュー）
　　　　　　　　　忙しいて
　　　　　　　　　忙しくで
　　　　　　　　　必要でも
　　　　　　　　　重要しても
　　　　　　　　　仕事をしても

この文は，この後，「やっぱり死んだら終わりですし，，，」と続く。誤った語彙ではあるが，「必要」「重要」「仕事をする」など，文脈と大きくは矛盾しないよう書き取っていることがわかる。この例からは，「忙しい」という語彙を書き取れた人は「ても」という文法の意味は聞き逃し

ているようにみえるが，語彙を間違えている人は「ても」の意味を捉え，全体の文脈と矛盾のない解釈が成り立つように聞いていることがわかる。

次の例（9）（10）は家事を分担しているかどうかという文脈の中での発話である。

（9）　してないねえ。私は，ま，<u>1％ぐらい</u>。
　　　　　　　　　　　　　　　　　　　（「家事分担」インタビュー）
　　　　一番正統ぐらい
　　　　一番洗濯ぐらい

「1％」の聞き取りに失敗し，文脈と合わせようと工夫していることがわかる。

例（10）では，「なさらない」の部分と「んですよね」の部分に問題があった。「なさらない」については，28人中4人が間違えているだけで，大概の人が聞き取れていたが，中には例のように「お皿を洗ってない」というような音が似ているもので，意味も文脈に合うような書き取りが見られた。

（10）　全く<u>なさらないんですよね</u>。　　　（「家事分担」対談）
　　　　お皿を洗ってない
　　　　なさらないんですか
　　　　なさらないです
　　　　なさらないんでしょうね

次の例は，家で煙草を吸うのかという質問に対する発話である。

（11）　娘が二人ね，<u>いますんでね</u>。　　　（「禁煙」インタビュー）
　　　　今吸うんで
　　　　今住んで

この例も，文脈と関連づけたディクテーション例であるが，「吸うんで」と書き取ったほうは誤解しており，「住んで」としたほうは文脈上は矛盾しない理解をしている。ただ，いずれも「今」と書き取っていることから，「いますんで」のような表現を，教室では学習する機会がないのではないかと考えさせられた。「〜るんで」「〜ますので」は教室で取り

上げているが,「〜ますんで」のような現実社会で使用されている表現を教えていないのではないだろうか。

例 (12) も興味深い。「(会社という所は) ルールさえ守っていれば,あったかい部分がある。」という一文の下線部分をどのように書き取っていたかを以下に示そう。28 人中 12 人が「さえ」を書き取れていなかった。間違いの例は以下のようなものである。

(12) 　ルール<u>さえ</u>守っていれば　　　　　　　　(「働きすぎ」対談)
　　　　裁判がもっていれば
　　　　裁判をもってれば
　　　　さいばんを見れば
　　　　さいばんもってれば
　　　　さえ持ってれば

学習者は「さえま」で区切った人が多かった。「守っていれば」よりも「持っていれば」のほうが頭に浮かびやすかった結果だろう。そして,「ルール」からの連想で,「さえま」を「裁判」と聞き,「裁判をもってれば」と書く人たちが多かった。関連語彙と結びつける例である。

例 (13) はボーナスの使い方を質問された男性が「家のローンですからね。全部ね。」と言った後に続けた発話である。「右から左」という慣用的な使い方を知らなかったことが影響した間違いの例である。

(13) 　<u>もらってすぐ右から左に。</u>　(「ボーナス」インタビュー)
　　　　曲がって
　　　　まかって
　　　　回って
　　　　もどって

このように「右から左に」の語彙と関連づけたディクテーションが見られた。

4.2　文法機能部分のディクテーション

実質語に比べて文法機能部分の音声は弱形 (音変化や音脱落を起こした曖昧で音量も小さい音) で発話される傾向がある。学習者も実質語ほ

ど意識的に注意を向けてはいないようである。フォード順子（1992），フォード丹羽順子（1996），宮城幸枝（2014）などでも文法項目の聞き取りの弱点が指摘されている。フォード順子（1992）はディクテーションの誤りを分析することで，学習者の文法習得の困難点を探ったものであるが，中上級者になっても多い誤りについて次のように述べている。

> それは，われわれ教師の側でまだ十分な意味記述をしていないもの，あるいは文法項目としてはそれぞれ初級のものでありながらそれらが組み合わさると高度になるといったようなもので，教師がそのことを認識していないということであるように思う。　（p. 59）

また，「ムードを表す部分の表現に弱いということが見えてくる」とも指摘している。これらの指摘は，ここで取り上げている資料集の中でも明らかな特徴として見られる。

まず，授業で教師が意識的に取り上げていないのではないかと気づかされた例を見てみよう。

（14）　僕なんかに<u>言わせると</u>　　　（「家事分担」インタビュー）
　　　　ずっと
　　　　それ
　　　　いえると
　　　　いわれると

例（14）の「言わせると」は35人中30人が全く何も書いていなかった。正確に書けたのは1人であった。このような用法（発話内容に対する評価的な表現）は知らなかったものと思われる。

（15）　粗大ごみって<u>言っちゃうと</u>かわいそうだけど，
　　　　ふえちゃって　　（「家事分担」インタビュー）
　　　　すてじゃうと
　　　　行っちゃうと

例（15）では，35人中19人が下線部分を書き取れていない。粗大ごみから発想される言葉や，「行っちゃうと」のような意味の異なる同音の語彙に書き取っている。「言わせる」も「言っちゃう」もそれ自体は初級の学習項目であるが，このような自分の発話内容を人に伝達しようと

する際の用法にも注意を向けさせる指導が必要だと気づかされる。

　先の例（14）の「僕なんかに言わせると」の「なんかに」の部分もまた，35人中28人が間違えた部分である。「なんか」のような話し言葉特有の表現も教室の日本語教育では見落とされがちである。

　指示語では「ああいう」「こういう」「そういう」が苦手なようである。例（16）の「ああいう人」の部分については，28人中22人が書き取れなかった。

　（16）　ああいう人，だらしないっていうふうに思われます？
　　　　　　　　　　　　　　　　　　　　　　　（「家事分担」対談）

初級の授業では，「あのような」「あんな」は取り上げているが，「ああいう」はあまり取り上げていないのではないか。そして，中上級に進んでから聞く機会があっても，特に注意を向けていなければ聞き落としているのではないかと思われる。教師のほうも指示詞については，既習項目として軽く考えてしまいがちなのではないだろうか。

　また，「っていうふうに思われます？」の部分にも間違いが多かった。これまでの授業経験からも学習者が「っていうふうに」や「っていうように」を書き取れていないと認識していたが，資料集からもその傾向が見られた。このような部分は聞き取れなくてもコミュニケーション上あまり問題にならないと，教師も学習者も注意していないのかもしれない。「思われます？」の部分では，「おも」「思」までは書き取れているが，「思います」「思うあります」「思ったことあります」など受身敬語の部分については不正確な書き取りが多かった。

　例（17）の「したって」は24人中23人が書き取れていない。
　（17）　長生きしたって，ほら，運が悪いと，
　　　　　　　　　　　　　　　　　　　　　　　（「禁煙」インタビュー）
　　　　　　だて
　　　　　　さと
　　　　　　したとは
　　　　　　しちゃて

学習項目としては「ても」は教えるが，「たって」のほうは，あまり扱っていないのではないだろうか。

ムードを表す部分の表現がよく聞けていないということは，資料集での不正確なディクテーションにも現れている。例 (10) の「〜んですよね」については「んですか」「です」「んでしょうね」などと，28 人中 20 人が正しく書き取れていなかった。
　　（10）　全くなさらないんですよね。　　　　　（「家事分担」対談）
「〜んです」（ノダ文）に終助詞「よね」が加わった伝達のムード部分の聞き取りが難しいことがわかる。
　もう 1 例「んですよ」について例 (18) を見てみよう。
　　（18）　いや，何もできないんですよ。（「家事分担」インタビュー）
　　　　　　できない
　　　　　　できないです
　　　　　　できないですよ
　　　　　　できないでしょう
　　　　　　できないんでしょう
　　　　　　できないんですね
「できない」という事態の部分は捉えているが，発話者がそのことをどのように感じ（発話内容に対するムード），聞き手にどのように理解してもらいたいと思っているのか（伝達のムード）という，ムードの部分は書き取れておらず，その意味の理解はできていないものと考えられる。ノダ文の書き取りの不正確さは全体のディクテーションからも明らかで，聞き取れていないとみなせる。例 (18) では 33 人中 11 人が「ん」を書き取っていない。また，例 (19) では，33 人中 22 人が「ん」を書き取っていない。
　　（19）　5％もやってないんじゃない？　（「家事分担」インタビュー）

4.3　簡単な語の組み合わせのディクテーション
　初級の文法項目や語彙が複数組み合わさることで，聞き取りが難しくなったと見られるディクテーションの間違いを見てみよう。
　先の例 (8)「いくら会社が忙しくても」のときにも述べたが，「いくら」「会社」「忙しく」「ても」の各々はすべて初級文法項目である。と

ころがこれが合わさり，自然な発話速度で音変化を起こしたものになると上級になっても 30 人中 17 人が書き取りに失敗している。

次の例も初級文法項目であるにもかかわらず，間違いが多かった。

（20）　全額使ってみたいですけどね。（「ボーナス」インタビュー）
　　　　　　使いたいみたい
　　　　　　使っているみたい
　　　　　　使ったみたい
　　　　　　使ったでしょうね

「使って」「みる」「たい」の 3 つの初級項目が合わさった部分で，29 人中 11 人が間違えている。試みるという意味の補助動詞「みる」と願望を表す「たい」の組み合わせであるが，学習者のほうは，様態の「みたい」と誤解している。このような文法機能部分の聞き間違いは，文全体の深刻な意味の誤解を引き起こす場合がある。この場合，本来は「使う」の動作主は発話者自身であるが，学習者が様態の「みたい」と理解しているとすると，第三者を動作主と勘違いしていることになる。文法を無視した聞き取りの危なさを示している。

初級文法項目として教室で取り上げられているにもかかわらず聞き取りが困難なものの 1 つに可能形がある。（21）を見てみよう。

（21）　上司が帰る前に帰れないというのがありますよ。

（「働きすぎ」対談）

可能形に否定の「ない」が加わったものであるが，「帰らない」という類の間違いが多く，28 人中 19 人が間違えている。可能形の含まれた表現「会えればいいのですが」「読めちゃいそう」などの活用部分の下線部分の書き取りは非常に高い日本語能力を必要とすることが SPOT（1 文字書き取ることで測定できる日本語力簡易テスト）の問題項目分析でも示されている（小林典子・フォード順子（1992），フォード順子・小林典子（1993），小林典子（2014）など）。なぜ学習者に可能形が習得されにくいのかは，考察すべき課題であろう。

4.4 音声に焦点を当てた分析

　小河原義朗(1996)はこの資料集の中の誤りの率が70％以上のディクテーション部分を音声面から分析し、音変化している部分を学習者がうまく聞き取れていないことを指摘している。小河原は日本語教育の授業活動を意識した立場から、母音を中心に音変化が生じているものと、子音を中心に音変化が生じているものと、2つに分類し、整理している。その分析に基づき、表1と表2にその例を示す。音変化の種類、モデル文での表記、学習者のディクテーション例を示す。学習者が書き取っていない場合は「？」マークを入れてある。小河原が記していた発音記号については、ここでは省略する。

表1　母音を中心に音変化が生じているもの

音変化の種類	音声素材のモデル表記	音声の特徴	学習者のディクテーション例
母音の脱落	なんで	「で」の母音 [e] が脱落している	なんだ
長母音の短母音化	言いながら	「いい」が「い」のように短くなっている	いながら
母音と母音の融合	そういう所	「いう」が短母音化した前接の「そう」の母音 [o] と融合して「そうとこ」と聞こえる	そうとこ
母音と撥音の融合	僕なんかに	「ん」が前接の「な」の母音 [a] に融合して鼻母音化し、「か」の母音 [a] が脱落して「ぼくぬくに」と聞こえる	僕の国
撥音化	家ん中	「家の中」の「の」が撥音化して「家ん中」になっている	家中
促音化	言わせると	「わ」の子音 [w] が脱落し「る」が促音化し、「と」の母音 [o] が脱落して「いあせっと」と聞こえる	？

表2　子音を中心に音変化が生じているもの

音変化の種類	音声素材のモデル表記	音声の特徴	学習者のディクテーション例
子音の脱落	中	「なか」の「か」が脱落し，前接の母音[a]が引き伸ばされて「なあ」のように聞こえる	何
子音と母音の脱落	んですよ	「で」が脱落して「んすよ」のように聞こえる	?
子音と母音の融合	だから	「から」が融合し「だあ」のように聞こえる	?

　小河原の分析から自然な発話での音声が実際にどのように聞こえるか，そしてそれを学習者がどのように書き取ったかの例を示したが，これらの例からも自然な発話がいかに音変化を起こしているのかがわかるだろう。聞き手がそれを正しく聞き取るためには，脳を働かせて言語知識とその他のあらゆる知識を利用してその音を修復して聞き取らなければならないのである。

　以上，4. では，日本語学習者がどのように聞き取っているのか，ディクテーションをとおして見てきた。学習者のディクテーション・コーパスは，学習者の聞き取りの実態を顕在化することで，聴解過程の解明に役立つものと考える。

5. 今後へ向けたコーパス設計

　この 5. では，学習者の聴解過程の解明に向けてどのようなディクテーション・コーパスにしたらいいのか，今後へ向けての提案をする。電子コーパスの構築では，データの実態をよく知り，コーパスの利用法を様々に想定している日本語教師や習得研究者が自らプログラムを作るのなら問題ないが，他者に依頼するのであれば，プログラミングをする技術者にどのようなものを作りたいのか，想定しているものを正確に伝えることが非常に重要である。

5.1 学習者のディクテーションの実態

　学習者のディクテーションを電子コーパスにするためには，学習者の誤り部分がモデル文のどの部分なのかを特定するシステムがなければならない。多くの学習者が共通して誤る箇所は，学習者の聞き取り困難点であり，その誤りから学習者の聴解過程を探ることができる。

　これまでの例に見たように，学習者のディクテーションは，複数の語をまとめて1語として書き取っていたり，ないものを付け加えていたり，全く書き取れずその部分がなかったりと，様々な欠損のある文である。そのために文節単位，単語単位などで区切ったモデル文と一致させて照合することは難しい。このことに留意しておくことは，ディクテーションとモデル文とを照合する方法を考える上で重要である。

5.2 コーパスの利用のために

　音声素材と母語話者によるモデル文と学習者のディクテーションを互いに照合できるようにしたうえで，利用目的に応じて検索できるようにするために，考慮することを以下にあげる。

　(A) 音声素材ファイル

　ディクテーションの対象とする音声素材のファイルは，難易度，形式（対話か独話かなど），音声特性（男性・女性，明瞭さ，速さなど）など異なるタイプを収集するのが望ましい。どのようなファイルの形式にするかは，検討が必要である。音声の研究に役立つようでありたい。

　(B) 文字テキスト（モデル文）ファイル

　音声素材を書き取り，文字テキストを作成する。母語話者でも，書き取り方が異なる場合があるので複数の人のディクテーションを比較し，異なっているときは，多数のほうを文字テキストのモデル文とする。学習者のディクテーションと照合可能なように，文字テキストの部分をどのような単位にして管理するのがよいか検討が必要である。

　また，文字テキストへのタグ付けは研究目的に応じて，コーパスを利用する研究者が自由に自分で追加作成できるようにしておけるといい。文法の属性（品詞，活用形など），音声属性（撥音，無声化，母音連続な

ど），語彙の難易度，表現属性（会話機能，待遇など）など，利用する目的に応じて利用者がそれぞれの立場から抽出したい必要なものを自分の立場の用語で付けられるといい。たとえば，依頼表現について調べたいときは，「依頼」というタグを文単位で付けることになるだろう。一方，活用の聞き取りを見ようとするときは，「〜形」のようなタグを語単位で付けることになるだろう。

(C) 学習者のディクテーションファイル

個々の学習者のディクテーションは，学習者IDおよびモデル文と照合できるようにしなければならない。誤り方によっては，モデル文のどの部分のディクテーションなのか簡単に判別できない場合もあるが，何らかの工夫で，もし機械的に照合可能ならば，誤りの出現率など数値的な処理も容易になるだろう。

(D) 学習者管理ファイル

学習者ID番号の下に学習者の母語や学習歴，日本語能力レベルなどのプロフィールを用意すれば，母語に関係する誤りと関係しない誤り，能力レベルによる誤りなど習得研究に役立つ情報が得られるだろう。

これら (A)〜(D) のファイルの関連づけにより，たとえば次のような利用が考えられる。

- 誤りが集中する箇所の音声，文法（機能，語用を含む），語彙・表現などの分析。
- 母語別の誤りの傾向の分析。
- 能力別の誤りの傾向の分析。
- ある属性（たとえば使役形）を取り上げて，他の属性（たとえば会話機能）と関連づけての分析。

以上は，ディクテーションの困難点の分析に役立つと考えられるが，さらに，使用する音声素材についての内容理解確認問題を加えておけば，聴解の理解とディクテーションとの関連について知ることが期待でき，より聴解過程の解明に役立つものとなろう。

6. おわりに

　学習者のディクテーション・コーパスによって日本語の発話をどのように学習者が聞き取っているのか，学習者の弱点は何かを知ることができる。また，見落としていた日本語の現象に気づかされることもある。

　ディクテーションが正しいにもかかわらず意味が理解できていない場合，ディクテーションは間違えていても意味は理解している場合などもあろうが，これらを分析することは，聴解過程を実証的に考察していく助けになろう。具体的には，どのような音声素材を用い，どのような条件下で書き取らせ，収集していくのか，研究資料としても役に立つデータ収集方法について検討する必要がある。学習者ディクテーション・コーパスは聴解過程の研究に寄与するものと考える。また，日本語教育・日本語研究に多くのことを教示してくれる宝庫ともなろう。

引用文献

小河原義朗（1996）「ディクテーションにおける誤聴分析の試み」『外国人日本語学習者のディクテーションに見られる誤聴解の分析』平成5年度～平成7年度文部省科学研究費補助金一般研究（C）研究成果報告書，小林典子，筑波大学．

筧寿雄・末延岑生・野間四郎・神崎和男・山根繁（1979）「誤聴分析」『大学英語教育学会紀要』10，pp. 1-19，大学英語教育学会．

柏野牧夫（2002）「錯覚が効果的な音声認知を可能にする」『月刊言語』31-11，pp. 22-29，大修館書店．

小林典子・フォード順子（1992）「文法項目の音声聴取に関する実証的研究」『日本語教育』78，pp. 167-177，日本語教育学会．

小林典子（2014）「SPOTについて」『日本語学』33-12，pp. 42-51，明治書院．

新屋映子（1993）「日本語中上級学習者の聴解能力について」『日本語教育』79，pp. 126-136，日本語教育学会．

築山さおり（2014）「中級日本語学習者を対象とした日本語日常会話のディクテーションの誤答分析─文法・語彙の習熟度の観点から─」『同志社大学　日本語・日本文化研究』12，pp. 87-108，同志社大学．

フォード順子（1992）「聴解ディクテーションの「誤聴」分析─中・上級の文法の困難点を探る─」『筑波大学留学生センター日本語教育論集』7，pp. 45-62，筑波大学．

フォード順子・小林典子（1993）「日本語学習者による文法項目の習得に関する

一考察―文法能力集団別の習得度の差―」『筑波大学留学生センター日本語教育論集』8, pp. 185-200, 筑波大学.
フォード丹羽順子 (1996)「日本語学習者による聴解ディクテーションに現れた誤りの分析―文法および音声的側面に焦点を当てて―」『筑波大学留学生センター日本語教育論集』11, pp. 21-40, 筑波大学.
宮城幸枝 (2014)『聴解教材を作る』スリーエーネットワーク.
Kaga, Mariko (1991) Dictation as a measure of Japanese proficiency. *Language Testing* 8-2. pp. 112-124.
Oller, John W., Jr. (1971) Dictation as a device for testing foreign-language proficiency. *English Language Teaching* 25. pp. 254-259.
Scovel, Thomas (1998) *Psycholinguistics*. Oxford: Oxford University Press.

読んで理解する過程の解明
―「読解コーパス」の開発―

野田　尚史

1. この論文の主張

　この論文では，日本語学習者が日本語を読んで，それをどう理解しているかを解明する研究が必要であることを主張する。
　具体的には，次の（1）から（4）のようなことを述べる。

（1）　日本語学習者の読解についての研究は，作文についての研究に比べ，あまり盛んではない。読解教育で具体的な読解技術を教えられるようにするためには，学習者の読解についての研究を進める必要がある。

（2）　日本語学習者の読解過程を解明するためには，学習者に日本語を読んでもらい，理解した内容やわからないことを自分の母語で話してもらう調査が必要である。

（3）　日本語学習者の読解過程を調査した結果を広く利用できるようにするためには，だれでも見られる「読解コーパス」を開発し公開することが必要である。

（4）　日本語学習者の読解過程を調査すると，たとえば次のa.からd.のようなことがわかる。

　　a.　日本語教育の学習内容と学習者の実際の読解に必要な技術の違い
　　b.　語彙や漢字の知識によって語句の意味を推測する成功例と失敗例

   c. 学習者独自の文法によって文の構造や意味を推測する成功
    例と失敗例
   d. 既有知識によって語句や文や文章の意味を推測する成功例
    と失敗例
 この論文の構成は次のとおりである。次の **2.** では，前の（1）にあげた読解研究の必要性を指摘する。**3.** では，（2）にあげた読解調査の方法を説明する。**4.** では，（3）にあげた「読解コーパス」の開発について述べる。

 そのあと **5.** から **8.** では，前の（4）にあげた学習者の読解過程の調査からわかることを具体的に示す。**5.** では a. の「日本語教育の学習内容と学習者の実際の読解に必要な技術の違い」を指摘し，**6.** では b. の「語彙や漢字の知識によって語句の意味を推測する成功例と失敗例」を示す。**7.** では c. の「学習者独自の文法によって文の構造や意味を推測する成功例と失敗例」を示し，**8.** では d. の「既有知識によって語句や文や文章の意味を推測する成功例と失敗例」を示す。

 最後に，**9.** でこの論文のまとめを行う。

2.　読解研究の必要性

 日本語学習者の作文についての研究に比べ，読解についての研究はあまり盛んではない。書きことばを産出する作文と，書きことばを理解する読解では，データを簡単に集められるかどうかが違うからである。

 日本語学習者の作文についての研究は，学習者に日本語で文章を書いてもらえば，比較的簡単にデータを集められる。それに対して，学習者の読解についての研究は，学習者に日本語の文章を読んでもらうだけでは，データを集められない。読んだ日本語の文章を学習者がどのように理解したかがわかるデータを集めなければならないが，それは簡単ではない。

 日本語の作文教育と読解教育についても，同じようなことが言える。作文教育に比べると，読解教育は遅れている。作文教育では具体的な作文技術が教えられているのに対して，読解教育では具体的な読解技術が

教えられていない。

　作文教育では，「このようなことを書きたいときには，このように書けばよい」という具体的な作文技術が教えられている。

　たとえば，次の（5）と（6）は，『大学生と留学生のための論文ワークブック』の「論文編」の「Ⅱ　序論」の「2-2-1　先行研究の概要の紹介」にある説明である。先行研究の概要を紹介する文として（5）のような形を示し，（5）の{動詞}の部分に使われる具体的な動詞として（6）を示している。

（5）　名前　は　方法，　⎰（その結果（から））⎱　　内容
　　　　　　　　　　　　⎱　データ　ことから　⎰

　　　　{動詞}　　　　⎰〜ている⎱
　　　　　　　　　　　⎱〜た　　⎰

（6）　{動詞}：〜とする，〜と述べる，〜と分析する，〜と結論づ
　　　　　　　ける，〜を明らかにする…

　その上で，次の（7）のような書き方の具体例を4つ示している。

（7）　**前田（1993）は**大学生に面接調査**を行い，その結果**「大学生
　　　は講義の内容のおもしろさに敏感である」**と述べている。**

　この教科書に限らず，作文教育ではさまざまな作文技術が教えられている。

　それに対して，読解教育では，「このように書かれていたら，このように理解すればよい」という具体的な読解技術がほとんど教えられていない。

　たとえば，次の（8）は，『読む力　中級』の「第1課　心のバリアフリー――靴と車椅子――」にある10段落の本文の5段落目と6段落目である。一部の漢字の下に付いているルビは省略している。

（8）　ボクは日頃から，「環境さえ整っていれば，ボクのような体
　　　の不自由な障害者は，③障害者でなくなる」と考えている。
　　　例えば，ボクがA地点からB地点まで行きたいとする。と
　　　ころが　　　　ア　　　　という状況では，A地点から
　　　B地点までの移動が不可能，または困難になる。その時，た

しかにボクは「障害者」だ。
　しかし，[　　　イ　　　]といった時，そこに障害はなくなる。一般的には，家を出掛ける時に玄関で靴を履くが，ボクの場合は，靴の代わりに車椅子に乗る。靴と車椅子の違いがあるだけで，自分の力でA地点からB地点まで移動したということに，なんの違いもない。「障害者」を生み出しているのは，紛れもなく，[　　　ウ　　　]なのだ。　　　　　（乙武洋匡『五体不満足』，講談社，1998）

この本文の後に「全体把握」と「言語タスク」と「認知タスク」の問題が付いている。次の（9）は，「認知タスク」の最初の問題である。

（9）1．下線部③は，どのような意味ですか。適当なものを選びなさい。
　　a．医療体制が整い，障害を治してもらえるようになる。
　　b．人に助けてもらわなくても自由に行動することができるようになる。
　　c．障害に対する認識が変わり，社会から守ってもらえるようになる。
　　d．皆が助けてくれるようになり，どこにでも自由に行けるようになる。

別冊の「解答例」によると正解はb．である。しかし，何を手がかりにして下線部③はb．の意味だと理解すればよいのかという具体的な読解技術はどこにも示されていない。

この教科書は，具体的な読解技術は示されていなくても，「明示的な主張・意図を把握する」など，「身につけるスキル」に合わせた練習が用意されている点で先進的である。多くの読解教科書や総合教科書の読解問題はこのレベルにも達していない。

このように作文教育に比べて読解教育が遅れている大きな原因は，日本語学習者の読解についての研究が遅れていることである。読解教育で具体的な読解技術を教えられるようにするためには，学習者の読解についての研究を行うことが必要である。日本語学習者が現実の日本語をど

のように読んでどう理解しているかという研究である。特に学習者にとって読解ではどのような点が難しいのか，またそれはなぜかを明らかにすることが必要である。

3. 読解調査の方法

　日本語学習者が日本語を読んで，それをどう理解しているかを解明するための調査は，次の (10) から (13) の方針で行うのがよいと考える。

　（10）　読解とは日本語の文字からその意味を理解することだとする。音読は含めない。
　（11）　学習者がどのような意味だと理解したかは，理解した内容を学習者の母語で語ってもらうことによって調査する。
　（12）　学習者が最終的にどう理解したかという結果だけでなく，その理解に至るまでの過程も調査する。
　（13）　辞書やパソコン，スマートフォンなどの利用を制限せず，普段使っているなら，普段と同じように使ってもらう。

　このうち (10) は，音読は日本語の文字を音声にできるかどうかの問題なので，読解には含めないということである。ただし，学習者の意志で意味を理解するために音読した場合はどう音読したかを記録する。

　(11) は，学習者がどのような意味だと理解したかを日本語で語ってもらうのではなく，自分の母語で語ってもらうということである。たとえば学習者が「日本には急流が多数存在する」という文字を読んでその意味を日本語で「ニホンニハキューリューガタクサンアリマス」と語った場合，「急流」が音読できることは確認できても，「急流」の意味を理解しているかどうかは確認できないからである。

　なお，渡辺由美 (1998) は，英語を母語とする日本語学習者に物語文の再話課題を英語と日本語で課したところ，母語である英語のほうが日本語より再生率が高く，正確に読解力を計ることができたと指摘している。

　(12) は，文章を最後まで読んでからその文章全体の意味を語ってもらうのではなく，比較的短く切りながら部分ごとの意味を次々に語っても

らうということである。そうすれば，最初に理解した意味が後の部分を読んだときにどう変わったかといった読解の過程がわかるからである。

(13) は，学習者は試験のような特別な状況でなければ辞書などを使うことがあるので，普段と同じように辞書などを使ってもらうということである。そうすれば，どのようなときにどのように辞書を使い，そこからどのようにして該当部分の意味を理解しているかもわかる。

こうした方針に基づくと，日本語学習者の読解調査の具体的な方法は次の (14) から (17) のようなものになる。

(14) 学習者に自分が読みたいものや読む必要があるものを選んで持ってきてもらう。ただし，学習者が自分で読むものを見つけられないときは，本人の希望を聞きながら読むものを選ぶ手助けをする。

(15) 学習者に日本語の読み物を読んでもらいながら，同時に，読みとった内容や，読みながら考えたこと，理解できないところなどを自分の母語で語ってもらう。

(16) 語ってもらった内容だけではどのように理解したか，なぜそのように理解したかがわからないときは，データ収集者が学習者に学習者の母語で質問し，答えてもらう。調査は必要に応じて通訳を介して行う。

(17) データ収集者の発話を含め，すべての発話を録音し，辞書の使用などについても記録する。調査中の発話を文字化したものや，その日本語訳，辞書使用の記録などを学習者の読解過程のデータとする。

このうち (14) は，学習者が実際の読解活動で行っていることを解明するためには，学習者に真剣に読んでもらう必要があるからである。学習者に真剣に読んでもらうためには，学習者自身が読みたいと思うものや読む必要があると思っているものを読んでもらうのがよい。

(15) は，基本的には従来の読解研究でも使われてきた「思考発話法」(think-aloud method) である。ただし，日本語の会話能力が非常に高い学習者であっても，学習者の母語で語ってもらうことにする。

(16) は，(15) の「思考発話法」の弱点を補うための新しい試みである。学習者が語ってくれなかったけれどもデータ収集者として知りたいことについては，その都度，すぐに質問を行うことにする。

　(17) は，辞書の使用を含め，学習者の読解過程のデータをすべて公開し，そのデータを多くの研究者に分析してもらうための準備作業になる。

　なお，調査方法については，ウェブサイト「日本語非母語話者の読解コーパス」の次の (18) のページに詳しい説明がある。

　(18)　http://www2.ninjal.ac.jp/jsl-rikai/dokkai/method.html

4.　「読解コーパス」の開発

　前の「3.　読解調査の方法」による調査で得られた学習者の読解過程のデータがだれでも見られる形で広く公開され，多くの研究者が利用できるようになれば，読解研究が発展すると期待できる。

　日本語学習者の会話や作文についての研究が，聴解や読解の研究に比べて盛んである大きな理由は，日本語学習者の「会話コーパス」や「作文コーパス」が開発され，多くのコーパスが公開されているからである。読解研究の発展のためには，学習者の読解過程のデータを集めた「読解コーパス」の開発が必要である。

　前の「3.　読解調査の方法」によってデータを収集した場合，「読解コーパス」には，大きく分けて次の (19) の a. から c. のデータを掲載することになる。

　　(19) a.　学習者が読んだもの
　　　　b.　学習者の理解のしかた
　　　　c.　学習者の属性・能力

　このうち (19) a. の「学習者が読んだもの」は，次の (20) のような情報である。

　　(20)　ブログ「マダム・チャンの日記」,「『黄金時代』あれこれ」
　　　　　https://dianying.at.webry.info/201410/article_4.html

　この (20) のようにインターネットで読めるものについては，URL も

示す。書籍や雑誌記事については，著者や書名・雑誌名，ページ，発行所，発行年などを示す。レイアウトが重要と考えられる文書や掲示などについては，画像も示す。

次に，前の (19) b. の「学習者の理解のしかた」としては，次の (21) の a. のような「読んだ箇所」と，その箇所を学習者がどう理解したかを自分の母語で語った b. のような発話と，c. のような日本語訳が示される。

(21) a. 政治の動乱の時代に非常に個人主義的な作風にまい進する悩みなどは映像には描きづらいのだろう，全体としては作家としての彼女より，複数の男性との愛情と貧困と病気に悩む姿を中心に描いていた。

b. 嗯嗯嗯，在电影里面呢，对那个一政治动乱期一，它一，嗯嗯，我这句话重新组织一遍。
嗯嗯，在这个，在当时那个政治动乱的时期，
嗯嗯嗯，ひ [呟く]，它这个非常的个人主义的作风 [[「作风」という表現は中国語では「仕事や思想上のやり方や態度」などを表す。日本語の「作風」は中国語で「作品的风格」と言う] 指的是萧红嘛？ススススー [息を吸う]，嗯嗯嗯嗯，可能说的是萧红吧。
[後略]

c. んんん，映画の中では，そのー政治動乱期ーに対して，それー，んん，この言葉はもう一度組み立てます。
んん，ここで，当時その政治の動乱の時期に，
んんん，ひ [呟く]，それこのとても個人主義の態度が指すのは蕭紅ですか。ススススー [息を吸う]，んんんん，蕭紅のことを言っているかもしれません。
[後略]

このとき，必要に応じて，学習者の発話に対する「[息を吸う]」のような注釈が示される。また，学習者の母語での発話を理解するのに必要な「[[「作风」という表現は中国語では「仕事や思想上のやり方や態度」などを表す。日本語の「作風」は中国語で「作品的风格」と言う]」の

ような注釈も示される。
　「学習者の理解のしかた」のデータとしては，そのほか，データ収集者が学習者に対してどのような質問をし，学習者がどう答えたかも示される。
　たとえば，次の (22) の a. は学習者の発話の日本語訳である。b. はその発話に対してデータ収集者が行った質問で，c. はそれに対する学習者の答えの日本語訳である。

(22) a.　んんん，［3 秒無言］彼女ー，どう言えばいいかな。それなら彼女の悩みを 2 つの部分に分けましょう。
　　　　1 つの部分はその政治の動乱の時期です。
　　　　彼女は，どう言えばいいかな。個人を追求，したいのでしょう。このように言いましょう。
　　　　［中略］
　　　　これが 1 つの悩みです。
　　　　それからこれは映画の中ではわりと反映しにくいかもしれません，
　　　　だから，あああ，これと互いに比較すると，
　　　　この映画はわりと彼女の愛情，貧困と病気に対する悩みを強調しています。
　b.　2 つの悩みではないのですか。
　c.　はい。
　　　　も，も，もう 1 つの悩みはつまり，
　　　　愛，愛情，貧困と病気，3 つが一緒に集まっています［少し笑う］。

　ここでデータ収集者が行った質問 (22) b. は，前の (21) a. の文を正確に理解しているかどうかを確かめるためのものである。彼女の悩みとして，大きく分けて「政治の動乱の時代に非常に個人主義的な作風にまい進する悩み」と「複数の男性との愛情と貧困と病気」の悩みの 2 つがあげられていることを理解しているかを確かめるものである。学習者は，直前に「愛情，貧困と病気に対する悩み」という 3 つの悩みをあ

げたので，それより前に言っていた「彼女の悩みを2つの部分に分けましょう」との関係を確かめたということである。

「学習者の理解のしかた」のデータとしては，さらに，学習者が辞書をどのように使ったかという情報も示される。

たとえば，次の (23) は学習者が前の (21) a. の「まい進する」の意味を辞書で調べるときの学習者の発話の日本語訳である。

(23) んん，私は今，グーグルでこの，「にまいすすめる」これ，を調べます。

んんんん－，先にこの「まい」を調べてみます，それが単独の意味があるかどうか見てみます。それからもう一度それとこれらの単語を繋げて調べてみます。［スマートフォンのグーグルを使って「まい」と入力する。］私はないと思います。

［スマートフォンのグーグルを使って「まい意味」と入力する。検索結果から goo 国語辞書へ飛ぶ］ああー［気づく］，それはどうやら助動詞みたいです。［3秒無言］ああー，それはここで言っています，何何ないだろう［「打消しの推量の意を表す」を見る］。でもこの意味ではないみたいです。ないつもりだ［呟く。「打消しの意思の意を表す」を見る］。［7秒無言。］

この学習者はこのあとも「にまい意味」や「まい進する」で検索するが，最終的に「まい進する」の意味がわからないままで終わっている。

学習者が実際にどのような語句を調べるために辞書をどのように使っているかという具体的な研究は，これまであまりなかった。学習者の読解過程を解明するためには，学習者の辞書使用についてのこのような詳しいデータが必要である。

最後に，前の (19) c. の「学習者の属性・能力」としては，次の (24) の a. から w. の情報が示される。

(24) a. 協力者 ID：R-CH0055
　　 b. 現在の職業：学生

c. 勉強している場所（学生の場合）：日本
d. 現在通っている学校と学年（学生の場合）：大学［4 年］
e. 専門分野（学生の場合）：社会学
f. 生年：1994 年
g. 話すのにいちばん得意な言語（母語）：中国語
h. 読むのにいちばん得意な言語：中国語
i. 日本語を勉強するとき以外で，日本語でよく読むもの：日常の簡単な掲示や表示，各種お知らせの文書，友達からのメール，ウェブサイト，新聞，論文
j. 教科書で使われていた言語（小学校，中学校，高校）：小学校［中国語］，中学校［中国語，英語］，高校［中国語，英語］
k. 教科書で使われていた言語（大学）：中国語，日本語
l. 日本滞在歴：あり
m. 日本滞在期間と滞在目的：2015 年 3 月〜 2017 年 3 月［留学］
n. 日本語読解の学習経験：あり
o. 日本語読解の学習場所・方法・時期：大学［2012 年 9 月〜 2015 年 1 月］
p. 取得している日本語試験の資格やレベル：日本語能力試験（JLPT）［N1］
q. ひらがなとカタカナの識別能力：あり
r. 見て意味がわかる漢字の数：2000 字程度
s. 漢字で書かれた中国語の学習経験：あり
t. 漢字で書かれた中国語の学習時期：日本語学習を始める前
u. 中国語として学習した漢字の数：2000 字以上
v. 韓国語として漢字を学習した経験：なし
w. 韓国語として学習した漢字の数：なし

　これらの情報は，学習者に「背景調査票」に記入してもらったものである。「背景調査票」では，年月や言語名のほかは，基本的に選択肢か

ら選んでもらう形になっている。

　なお、このような学習者の読解過程のデータは、ウェブサイト「日本語非母語話者の読解コーパス」の次の(25)のページですでに公開されている。ここまでの(20)から(24)で示したのは、どれも協力者IDが「R-CH0055」のデータである。今後もデータが追加されていく予定である。

　　(25)　http://www2.ninjal.ac.jp/jsl-rikai/dokkai/corpusdata.html

　また、このコーパスのデータを使った研究として、野田尚史（2017）や野田尚史・花田敦子・藤原未雪（2017）などがある。

5. 学習内容と実際の読解に必要な技術の違い

　ここからの5.から8.では、前の3.で説明した読解過程の調査から何がわかるかを具体的に示す。ここにあげる例は、読解過程の調査方法や「読解コーパス」の開発について検討するために行った予備調査から得られたものである。

　最初に、この5.では、日本語教育で教授されている学習内容と、学習者が実際に読解を行うときに必要な技術が違うことを述べる。次の(26)のa.とb.である。

　　(26) a.　学習する語彙・表記と実際の読解に必要な語彙・表記の違い
　　　　 b.　学習する文法と実際の読解に必要な文法の違い

　最初に、(26) a.の「学習する語彙・表記と実際の読解に必要な語彙・表記の違い」については、次のようなことが言える。

　日本語教育では、さまざまな種類の話しことばと書きことばに共通して使われる基本的な語彙を優先して学習し、そうした語彙の表記ももっとも一般的なものだけを学習するのが普通である。

　しかし、実際の文章を読むために必要な語彙や表記は、書きことばのジャンルによって大きく違う。そのため、学習した語彙や表記では実際の文章の内容を理解できないことがある。

　たとえば、インターネットのグルメサイトに載っているレストランの

クチコミでは，次の (27) のような語彙や (28) のような表記がよく出てくる。しかし，学習者はこれらを理解できないことが多い。

 (27) イマイチ，ハズレ，無難，元をとる，お手頃，コスパ
 (28) 沢山，旨い，賑やか，美味しい，頂く

(27) のような語彙は基本的とは言えないものであり，(28) のような表記は日本語教科書では一般的とは言えないものである。しかし，クチコミのような文章ではよく見られるものである。学習者は「あまりおいしくない」はわかっても，「イマイチ」はわからないことが多い。「たくさん」という表記はわかっても，「沢山」という表記はわからないことが多い。

学習者の読解過程の調査をすることによって，学習する語彙・表記と実際の読解に必要な語彙・表記のこのような違いを明らかにできる。

次に，前の (26) b. の「学習する文法と実際の読解に必要な文法の違い」については，次のようなことが言える。

日本語教育では，さまざまな種類の話しことばと書きことばに共通して使われる基本的な文法を優先して学習するのが普通である。

しかし，実際の文章を読むために必要な文法は，書きことばのジャンルによって大きく違う。そのため，学習した文法では実際の文章の内容を理解できないことがある。

たとえば，インターネットのグルメサイトに載っているレストランのクチコミでは，次の (29) のような疑問文が出てくる。

 (29) デザートに杏仁豆腐どうなんでしょうか？
    （ウェブサイト「食べログ」の「ピソリーノ桜田店」のクチコミ）

「イタリアンレストランのデザートに杏仁豆腐はふさわしくない」という否定的な評価を述べたものである。しかし，学習者は「どうして質問なのか」と悩み，この文の意味を理解できないことがある。

(29) の疑問文は読み手に対する質問ではなく，反語のようなものであり，基本的な疑問文とは言えない。しかし，クチコミのような文章では読み手に対する質問よりよく見られると言ってよいものである。学習

者はこのような疑問文の意味がわからないことが多い。

　読解過程の調査を行えば，このように，日本語教育で教授されている学習内容と，学習者が実際に読解を行うときに必要な技術が具体的にどのように違うかがわかる。

6. 語彙や漢字の知識による推測の成功例と失敗例

　この 6. では，学習者はよくわからない語句があったとき，その意味を語彙や漢字の知識によってどのように推測しているかについて述べる。そうした推測は成功する場合と失敗する場合があるので，次の (30) の a. と b. に分けて述べる。

　(30) a.　語彙や漢字の知識による推測の成功例
　　　b.　語彙や漢字の知識による推測の失敗例

　最初に，(30) a. の「語彙や漢字の知識による推測の成功例」をあげる。たとえば，初級の非漢字系学習者が飲食店のポイントカードに書いてある説明を読んだとき，次の (31) の「値」の意味がわからなくても，「値引」の意味を適切に推測できた成功例がある。

　(31)　300 円値引

　この学習者は，知っている「引」の漢字の意味と「300 円」という金額によって割引の意味だと推測したと考えられる。

　次に，前の (30) b. の「語彙や漢字の知識による推測の失敗例」をあげる。たとえば，上級の非漢字系学習者が自分の専門分野の論文を読んだとき，次の (32) の「優に」の意味を「不幸なことに」と誤って推測した失敗例がある。

　(32)　すでに危機の発生からは，優に 3 年の時間が経過している。
　　　　　（池尾和人「金融危機と市場型金融の将来」『フィナンシャル・レビュー』101，2010）

　この学習者は，「優」という漢字から人偏の「イ」を取った「憂」は「悲しい」の意味を表すという知識を持っていた。その知識をもとに，「優」という漢字も「憂」も同じような意味を表すと推測し，「優に」の意味を「不幸なことに」と誤って推測したと考えられる。

読解過程の調査を行えば，このように，学習者がよくわからない語句の意味を語彙や漢字の知識によって推測している例を集めることができる。そうした推測の成功例と失敗例が集まれば，そこから学習者が読解を行うときに必要な推測技術を見つけ出すことができるようになる。その結果，これまでより実際の読解に役に立つ読解教育を行うことができるようになる。

7. 学習者独自の文法による推測の成功例と失敗例

　この 7. では，学習者は文の構造や意味を「学習者独自の文法」によってどのように推測しているかについて述べる。そうした推測は成功する場合と失敗する場合があるので，次の (33) の a. と b. に分けて述べる。

　　(33) a. 学習者独自の文法による推測の成功例
　　　　b. 学習者独自の文法による推測の失敗例

　最初に，(33) a. の「学習者独自の文法による推測の成功例」をあげる。たとえば，初級の非漢字系学習者がインターネット上のレストランのクチコミを読んだとき，次の (34) の文について「料理の味についてよくないことが書いてある」と適切に推測できた成功例がある。

　　(34)　イタリア料理のレシピはあるけど，味にそこまでの拘りを<u>感じ</u>ませんでした。
　　　　（ウェブサイト「食べログ」の「ピソリーノ桜田店」のクチコミ）

　この学習者は，「否定の形はよくないことを表している」という学習者独自の文法によって，この文はよくないことが書かれていると推測したと考えられる。

　次に，前の (33) b. の「学習者独自の文法による推測の失敗例」をあげる。たとえば，中級の非漢字系学習者が新書を読んだとき，次の (35) の「見向きもせず，時間規制でやっています」の主語を「フランスやドイツ」だと適切に推測できず，「米国」だと誤って推測した失敗例がある。

(35) テレビ番組でも，**フランス**は夜9時以降，**ドイツ**では夜12時以降，性描写OKです。米国がやっきになって導入しようとしている，事前に番組を判定して格付けし機械的に見られないようにするVチップ規制などに見向きもせず，時間規制でやっています。　　　　　　　　（『日本の難点』）

　この学習者は，「見向きもせず，時間規制でやっています」と同じ文の中に「米国が」があるので，それを主語だと推測したと考えられる。つまり，「その述語と同じ文の中にある「〜は」や「〜が」がその文の主語である」という学習者独自の文法によって「米国」を主語だと誤って推測したということである。

　実際には，「〜が」はその文の主語ではないことがある。野田尚史（2016, 2018）でも指摘されているように，「〜が」は基本的にその後に出てくる最初の述語までしか係っていかない。最初の述語を越えてその先まで係っていけるのは，述語が「〜ながら」「〜て」など従属度の高い節に入っているときだけである。

　しかし，フォード丹羽順子（2018）でも指摘されているように，中級レベルの学習者のほとんどは「〜は」と「〜が」の係り方の違いをわかっていない。「〜が」も「〜は」と同じように文末の述語まで係っていくと考えている。

　読解過程の調査を行えば，このように，学習者が文の構造や意味を「学習者独自の文法」によって推測している例を集めることができる。そうした推測の成功例と失敗例が集まれば，そこから学習者が読解を行うときに必要な推測技術を見つけ出すことができ，実際の読解に役に立つ読解教育を行うことができるようになる。

8. 既有知識による推測の成功例と失敗例

　この **8.** では，学習者は語句や文や文章の意味を自分の既有知識によってどのように推測しているかについて述べる。そうした推測は成功する場合と失敗する場合があるので，次の (36) の a. と b. に分けて述べる。

(36) a. 既有知識による推測の成功例

b. 既有知識による推測の失敗例

　最初に，(36) a. の「既有知識による推測の成功例」をあげる。たとえば，上級の非漢字系学習者がインターネット上のレストランのクチコミを読んだとき，次の (37) にある「副流煙」という知らない語句を「煙草を吸っている人から流れてくる煙」と適切に推測できた成功例がある。

　　(37)　煙草は分煙らしいですが奥の方から<u>副流煙</u>が漂ってきました。
　　　　　（ウェブサイト「食べログ」の「フーズパーク／conano de cafe」のクチコミ）

　この学習者は，「流」や「煙」の漢字の意味だけでなく，「分煙だと，煙草の煙が禁煙席まで流れてきて迷惑なことがある」という既有知識によって「副流煙」の意味を推測したと考えられる。

　次に，前の (36) b. の「既有知識による推測の失敗例」をあげる。たとえば，上級の漢字系学習者が自分の専門分野の論文を読んだとき，次の (38) の下線部を「友人との関係をよくするために怒りの感情を抑制することが重要だ」と，まったく逆の意味に誤って推測した失敗例がある。

　　(38)　その結果，友人からの言語による被害を受けた場面で生じた<u>怒りを抑制することが，友人関係満足感にとって望ましくない</u>ことを見出している。
　　　　　（鈴木有美「現代青年の友人関係における主観的ウェルビーイング―共感性，怒りの特性および表出傾向との関連―」，*Bulletin of the Graduate School of Education and Human Development* 51, 2004）

　この学習者は，「怒りの感情は，抑制しないより抑制するほうがよい」という自分の「常識」，つまり既有知識によってまったく逆の意味に推測したと考えられる。上級学習者であればこの文を慎重に読めば適切な解釈ができそうであるが，慎重に読まずに既有知識からそのような解釈をしたのだろう。

山田みな子 (1995) では第二言語による読解は文法能力より既有知識の影響が大きいことがあると指摘されている。読解過程の調査を行えば、このように、学習者が語句や文や文章の意味を自分の既有知識によって推測している例を集めることができる。そうした推測の成功例と失敗例が集まれば、そこから学習者が読解を行うときに必要な推測技術を見つけ出すことができ、実際の読解に役に立つ読解教育を行うことができるようになる。

9. まとめ

この論文で述べたことを簡単にまとめると、次の (39) から (41) のようになる。

(39) 日本語学習者の読解過程の研究を進めるためには、学習者に日本語を読んでもらい、理解した内容やわからないことを自分の母語で話してもらう調査を行い、そのデータを「読解コーパス」として公開することが必要である。

(40) 日本語学習者の読解過程を調査すると、実際の読解に必要な語彙や表記、文法が明らかになる。たとえば、インターネットのグルメサイトに載っているレストランのクチコミを読むときは、「イマイチ」のような語彙、「沢山」のような表記、「どうなんでしょうか？」のような反語の文法などが必要なことがわかり、読解教育に役立てることができる。

(41) 日本語学習者の読解過程を調査すると、学習者は読んでわからない語句や文の意味をどのようにして推測しているのかが明らかになる。たとえば、学習者は「その述語と同じ文の中にある「〜は」や「〜が」がその文の主語である」という誤った推測をすることがわかり、読解教育に役立てることができる。

日本語学習者の読解については、舘岡洋子 (1996)、杉山ますよ・田代ひとみ・西由美子 (1997)、田川麻央 (2012)、野田尚史 (2014)、藤原未雪 (2016) など、さまざまな観点から研究が行われてきた。しかし、

作文についての研究に比べ，読解研究は盛んだとは言えない。

特に読解教育に役立てようとする読解研究は，桑原陽子・山口美佳 (2014)，桑原陽子 (2017)，野田尚史ほか (2018) などがあるが，非常に少ない。

今後，「読解コーパス」の開発や公開を行いながら，日本語学習者の読解過程を解明し，読解教育に貢献する研究を行うことが求められる。

付記

この論文は，国立国語研究所機関拠点型基幹研究プロジェクト「日本語学習者のコミュニケーションの多角的解明」および JSPS 科研費 23320107 と 15H01884 の研究成果である。

日本語学習者の読解調査では，桑原陽子（福井大学），花田敦子（元・久留米大学），フォード丹羽順子（佐賀大学），藤原未雪（国立国語研究所），中島晶子（パリ・ディドロ大学）をはじめ，多くの方々の協力を得た。

調査資料

ウェブサイト「食べログ」の「ピソリーノ 桜田店」のクチコミ（http://tabelog.com/ishikawa/A1701/A170101/17000622/dtlrvwlst/）

ウェブサイト「食べログ」の「フーズパーク／ conano de cafe」のクチコミ（http://tabelog.com/ishikawa/A1701/A170101/17006490/dtlrvwlst/）

『大学生と留学生のための論文ワークブック』，浜田麻里・平尾得子・由井紀久子，くろしお出版，1997.

『日本の難点』(幻冬舎新書)，宮台真司，幻冬舎，2009.

『フィナンシャル・レビュー』，財務省財務総合政策研究所．

『読む力 中級』，奥田純子（監修），竹田悦子ほか（編），くろしお出版，2011.

Bulletin of the Graduate School of Education and Human Development, Nagoya University.

引用文献

桑原陽子 (2017)「初級読解教材作成を目指した非漢字系初級学習者の読解過程の分析」『国立国語研究所論集』13, pp. 127–141, 国立国語研究所．

桑原陽子・山口美佳 (2014)「中国語系初級日本語学習者がホテル検索サイトを読むときの困難点」『国立国語研究所論集』8, pp. 109–127, 国立国語研究所．

杉山ますよ・田代ひとみ・西由美子 (1997)「読解における日本語母語話者・日

本語学習者の予測能力」『日本語教育』92，pp. 36-47，日本語教育学会．
田川麻央（2012）「中級日本語学習者の読解における要点と構造の気づき―要点探索活動と構造探索活動の統合と順序の影響を考慮して―」『日本語教育』151，pp. 34-47，日本語教育学会．
舘岡洋子（1996）「文章構造の違いが読解に及ぼす影響―英語母語話者による日本語評論文の読解―」『日本語教育』88，pp. 74-90，日本語教育学会．
野田尚史（2014）「上級日本語学習者が学術論文を読むときの方法と課題」『専門日本語教育研究』16，pp. 9-14，専門日本語教育学会．
野田尚史（2016）「非母語話者の日本語理解のための文法」，庵功雄・佐藤琢三・中俣尚己（編）『日本語文法研究のフロンティア』pp. 307-326，くろしお出版．
野田尚史（2017）「中国語話者の日本語読解―調査方法と調査結果―」『中国語話者のための日本語教育研究』8，pp. 1-15，日中言語文化出版社．
野田尚史（2018）「日本語教育はどのように新しい日本語文法研究を創出するか―「聞く」「話す」「読む」「書く」ための文法の開拓―」『日本語文法』18-2，pp. 45-61，日本語文法学会．
野田尚史・穴井宰子・中島晶子・白石実・村田裕美子（2018）「ヨーロッパの日本語学習者に有益な読解教育」『ヨーロッパ日本語教育』22，pp. 218-236，ヨーロッパ日本語教師会．
野田尚史・花田敦子・藤原未雪（2017）「上級日本語学習者は学術論文をどのように読み誤るか―中国語を母語とする大学院生の調査から―」『日本語教育』167，pp. 15-30，日本語教育学会．
フォード丹羽順子（2018）「日本語学習者の読解における主語の特定―中級学習者と上級学習者の比較―」『佐賀大学全学教育機構紀要』6，pp. 101-116，佐賀大学全学教育機構．
藤原未雪（2016）「中国語を母語とする上級日本語学習者が学術論文を読むときの困難点―名詞の意味の誤った理解を中心に―」『日本語／日本語教育研究』7，pp. 165-180，日本語／日本語教育研究会．
山田みな子（1995）「読解過程に見られる既有知識の影響と文法能力の関係について」『日本語教育』86，pp. 26-38，日本語教育学会．
渡辺由美（1998）「物語文の読解過程―母語による再生と読解中のメモを通して―」『日本語教育』97，pp. 25-36，日本語教育学会．

未来の研究に向けたデータ収集
―第二言語の習得・維持・摩滅の過程を解明するために―

渋谷　勝己

1.　はじめに

　現在，ことばの研究のために使用されている会話・文章のコーパスやデータベースには，収集・構築の目的という点で，大きく分けて次の2種類があると思われる。

（A）　汎用データ。ある種の基準をもって収集された，さまざまな目的に対応できるデータである。第二言語習得研究分野では，これまで KY コーパスなどがさまざまな言語事象の習得プロセスを横断的に明らかにするために使用されてきた。最近では，国立国語研究所の C-JAS や I-JAS も整備，公開されている。

（B）　特定の明確な目的をもって集められたデータ。大阪大学社会言語学研究室が実施した Style Shift プロジェクトで収集したデータなどがこれに当たる。このプロジェクトは，中国語・韓国語・英語・タイ語の4つの言語をそれぞれ母語とする留学生の，ある特定の習得段階（中級）におけるスタイルシフトの実態を明らかにするというごくかぎられた目的をもって企画されたもので，それぞれの母語をもつ1人の日本語学習者が，親疎の異なる日本語母語話者および非母語話者計4名（話者によってはさらに日本人教師）と交わした会話を収録したものである（データ未公開。分析結果は大阪大学機

関リポジトリ OUKA で公開（4 〜 7 号））。
　しかし，ことばの研究データには，そのほかに，次のようなものがあってもよいように思う。
　　（C）　収集時点での目的は明確に定まっていなくても，将来の研究を視野に入れてストックしておくデータ。
この主張の背景には，次のようなことがある。
　　（1）　以前はとくに必要性が認められなかったデータでも，その後の研究の進展によってそのデータが必要になることがある。たとえば，1970 年代以降，ハワイやカナダ，南米などにおいて日系人が使用する／使用した日本語変種の実態記述，形成過程の研究が行われるようになってきたが，それ以前あるいはその時点でこの研究目的のためにデータが組織的に収集されることはあまりなかった。現在，この種の研究に利用されているのは，日系人のライフヒストリーの調査など，言語研究とは別の目的で集められたデータである（Hiramoto (2010) など）。しかも，これらのデータも移住後すでに長い年月がたっている話者のものであるので，当該日本語変種の形成過程を明らかにするには限界がある。その後，1990 年代になって，台湾や韓国，パラオやミクロネシアなどのかつての日本の植民地で，戦前・戦中に現地の人々によって習得され，現在も使用されている日本語変種が記述されるようになった。そこではあわせて，その変種が戦後使用されなくなって話者のなかで摩滅していくプロセスも研究の対象とされるようになったが，そのプロセスを明らかにするための縦断的なデータが欠けている。終戦時から現在にいたるまでのあいだには，このなかの一部の地域に言語研究者も長期にわたって滞在していたのであるが，当時のデータが残されることはなかった（1994 年 10 月に開催された第二言語習得研究会全国大会でのカッケンブッシュ寛子氏のコメントによる）。
　　（2）　歴史言語学では，過去のことば，とくに話しことばを明らか

にするためのデータの質的，量的な限界を指摘する声がたびたび聞かれる。
（3） また方言学でも，伝統的な方言が失われていく流れにあって，将来，方言学は，文献（録音，文字化されたデータ）を用いて行うようになる日が来るという予測もある。
（4） 現在，消滅の危機に瀕している言語の記録を残す試みが世界中で進められているが，記録の使用目的が明確に定まっていない点で，（C）タイプのデータを残す試みがすでに実践されているところである。

　この論文は，この，（C）将来の研究を視野に入れてストックしておくべきデータについて，第二言語の維持・摩滅の研究を事例にして検討を加えるものである。そのための材料として，すでにデータが欠如していることが明らかな，上記（1）で述べた，戦前・戦中にパラオ共和国の人々が習得し，使用してきた日本語の，維持・摩滅の過程を研究するために必要だったデータをケースとして取り上げることにする。具体的には，筆者らが行った，パラオに残存する日本語変種の維持・摩滅を明らかにすることを試みた研究を事例として，最初に，そこで明らかにしたことと，明らかにできなかったことを整理する（**2.**）。ついで，後者の明らかにできなかったことに注目し，そのなかで，ある種のデータが残されていれば明らかにできたかもしれないことを取り上げて，今後のデータベース構築のための指針を検討することにする（**3.**）。

2.　事例：パラオに残存する日本語変種の維持・摩滅のプロセス研究

　本節では，筆者らがパラオの日本語変種の維持・摩滅の実態を明らかにすることを目的として実施したプロジェクトを事例として，このプロジェクトの目的（**2.1**），このプロジェクトで明らかにできたこと（**2.2**），また，このプロジェクトでは明らかにできなかったこと（**2.3**）をあらためてまとめつつ，将来の研究を視野に入れてデータベースを構築するための問題のありかを整理することを試みる。

2.1 パラオの日本語変種の調査目的

　パラオ共和国は、大阪の真南、赤道の北側に並ぶ西カロリン諸島にある島国である。1885 年に、早くから接触のあったスペインの植民地となるが、1898 年、スペインが米西戦争に敗れるとともに、グアムを除くミクロネシアの島々をドイツに売却したために (1899 年)、ドイツの植民地となった。さらに 1914 年には、日英同盟を理由に第一次世界大戦に参戦した日本がドイツ領南洋群島を占領し、以後、第二次世界大戦末期まで日本の統治下にあった (須藤健一・倉田洋二 (監修) (2003) など)。

　日本統治下のパラオには日本人が多数居住するとともに、島の子どもたちに対して日本語による教育が行われた。その結果、パラオの高年層の人々は、その程度は多様であるが、いまでも日本語能力を維持している。そのパラオの日本語変種をめぐっては、これまで、Hayashi (1995)、Matsumoto (2001)、甲斐ますみ (2013: ch.4) など、多くの研究が蓄積されてきた。筆者らも、次の 2 つのプロジェクトによって、終戦から 50 年ほどが経過した時期に、この地域で使用される日本語変種のデータ収集と記述・分析を行ったことがある。

・「旧統治領南洋群島に残存する日本語・日本文化の調査研究」
　（1994〜1996 年度、国際学術研究、課題番号 06041070、代表：土岐哲）
・「環太平洋地域に残存する日本語の調査研究」
　（2000〜2002 年度、特定領域研究 (A)（2）、課題番号 12039225、代表：渋谷勝己）

　このプロジェクトにおける筆者の調査の目的（分担）は、主に次のようなことにあった。中心は (a) と (c) である。

　　(a)　パラオの日本語変種の記録と記述。調査の時点で個々の話者が使用する日本語変種を対象に、その多様性に注目しながら、できるだけ多くの記録を残し、それぞれの言語事象（主に文法事象）についてできるだけ多くの記述を作成すること。
　　(b)　パラオにおける日本語変種の習得環境と習得過程の解明。日本の統治下における日本語教育の実態を含め、パラオの日本

　　　　　語話者が日本語を習得した言語生態論的な環境とそのプロセスを明らかにすること。
（c）　パラオにおける日本語変種の維持・摩滅の環境と摩滅の過程の解明。終戦時から現在までの，パラオの日本語話者の日本語能力の維持・摩滅をめぐる言語生態論的な環境とそのプロセスを明らかにすること。

　このプロジェクトに，（c）維持・摩滅の環境と摩滅の過程の解明という目的を加えた理由には，当時の，次のような状況もあった。
（1）　従来，文法構造が複雑になっていく習得の局面を取り上げた研究は多いが，維持あるいは摩滅の過程に焦点を当てた研究は少ないこと。
（2）　Lambert and Freed（eds.）（1982）など，わずかに行われた第二言語の維持・摩滅に関する研究も，対象とした言語のタイプや話し手のおかれた言語生態論的環境に偏りがあったこと。また，50年という長期にわたって維持・摩滅のプロセスにある第二言語を研究の対象とすることも，Hayashi（1995）やBahrick（1984）を除けばほとんどなかったこと。
（3）　第二言語の摩滅の過程を把握することによって，日本の言語計画上の問題，たとえば，帰国子女の日本語能力維持・摩滅の問題，あるいは日本で日本語を学んだ学習者の，帰国後の日本語能力の維持・摩滅の問題などに取り組むための材料を提供することができること。第二言語が摩滅していく過程を解明することは，その言語を再活性化するために何を（教育）すればよいかを考える指針となる。

　なお，（1）と（2）については，その後研究が蓄積され（日本語については金昂京（2010）など），Schmid（2011）などの教科書もまとめられてこの分野が展望できるようになった。

2.2 本プロジェクトでわかったこと

さて,以上の目的にそってこのプロジェクトの結果をまとめれば,次のようになる(以下の (a),(b),(c) の記号は上に記したプロジェクトの目的に対応する)。

(a) パラオの日本語変種の実態

現在(正確には調査時。以下同様)のパラオ共和国の公用語は,英語とパラオ語である。パラオは終戦後,1994 年に独立を果たすまで,信託統治領として,社会面・経済面・教育面・文化面などあらゆる側面においてアメリカの影響を受けてきた。教育における使用言語は,小学校では英語とパラオ語のバイリンガル教育というところもあるが,短期大学などではもっぱら英語で授業が行われている。大学はパラオにはなく,グアムやハワイ,アメリカ本土の大学に入学することが多い。テレビやラジオでは,NHK の日本語衛星放送やパラオ語のニュース番組なども組まれているが,英語の番組がほとんどである。その結果,現在のパラオでは,高年層はパラオ語と日本語のバイリンガル,壮年層と若年層はパラオ語と英語のバイリンガルとなっている(Matsumoto (2001))。この状況を量的に把握するために,表 1 にパラオの年齢別人口分布を示した。網掛け部分が公学校において日本語を学習したと思われる人々である。

表 1 パラオ共和国の年齢別人口分布(一部)

年齢＼年	1990	1995	2000	2005
45–49	666	943	1,272	1,534
50–54	513	603	886	1,182
55–59	403	488	563	732
60–64	387	361	463	506
65–69	332	328	318	373
70–74	249	278	274	257
75–	335	373	445	506
人口合計	15,122	17,225	19,129	19,907

(http://palaugov.pw/wp-content/uploads/2013/07/DetailedPOP_tabs.pdf より)

次に，現在使用されているパラオの日本語変種の実態を見てみよう。ここでは，渋谷勝己（2003）に基づいて，高年層話者（主に昭和一桁生まれの世代）の日本語会話のなかで用いられた可能表現について述べる。それぞれの話者に対して（主に）筆者が行ったインタビューデータのなかで使用された可能形式を整理すると，表2のようになる（甲斐ますみ（2013: 255-258）には，これとは異なる結果が示されている）。

表2　パラオの日本語変種における可能形式の用例分布
（渋谷勝己（2003）より）

形式 / 話者	（ラ）レル 五段	（ラ）レル 他	可能動詞 五段	可能動詞 他	デキル スルコトガ	デキル VN	デキル －	その他
L	5	2	11	－	－	2	4	
	3	2	8	－	－	2		
A	8	1	29	－	4	－	2	
	2	1	6	－	3	－		
T	－	2	3	－	3	－	2	見エラレル 1
	－	2	3	－	3	－		買エラレル 3
M	1	－	10	－	－	－	5	
	1	－	4	－	－	－		
Y	3	－	3	－	－	－	4	
	2	－	2	－	－	－		
計(延べ)	17	5	56	－	7	2	17	4
使用率	15.7	4.6	51.9	0.0	6.5	1.9	15.7	3.7

・上段：延べ用例数，下段：異なり動詞数（デキル・－を除く）
・話者 L，A，T は3回の調査，M は2回の調査，Y は1回の調査の合計。
・各回ともあいさつが終わってからの，30分程度のデータ。
・表の形式は以下のとおり。例は作例。
　　・（ラ）レル・五段：五段動詞＋助動詞レル（書かれない）
　　・（ラ）レル・他：一段・カ変動詞＋助動詞ラレル（見られない）
　　・可能動詞・五段：五段動詞派生可能動詞（書けない）
　　・可能動詞・他：一段・カ変動詞派生可能動詞（見れない）
　　・デキル・スルコトガ：スルコトガデキル（書くことができない）
　　・デキル・VN：VN（動名詞）デキル（我慢できない）
　　・デキル・－：動名詞ガ＋デキル，デキル単独使用等（我慢ができない，いつかはできるだろう）
・使用率：延べ数による

パラオの日本語変種では，基本的に母語話者と同じような可能形式が使用されているが，次のような点が特徴的である。
（1）　助動詞レルの使用。五段動詞について，可能動詞のほかに助動詞レルが使われる。その特徴には，次のようなことがある。
・助動詞レルと可能動詞では，可能動詞を使用することのほうが多い（延べで 17 例対 56 例）。
・レルがもっとも用いられやすいのは「行ク」であり（「行ク」の可能形式の例 23 例中 12 例，52.2%），さらに L と M は行カレルを専用している。
（2）　話者間の多様性。パラオの 5 名の調査協力者が使用する日本語変種の可能形式には，話者間で，次のような違いが見出せた。
・助動詞ラレルや可能動詞に関して，T に買エラレル・見エラレルなどの可能動詞／自発動詞＋ラレルのかたちが見出される。
・スルコトガデキルの使用は，A と T にのみ見出される。
・動名詞デキル（表の「デキル・VN」）を使うのは，L だけである（売買デキナイ・発行デキルの 2 語）。
・デキルの汎用（「海で，魚，できる」（海で魚が釣れる））のように，可能・不可能であることだけをデキル・デキナイという形式で述べ，その（不）可能である動作の内容（この場合「釣る」）は聞き手に推測させるといった用法が，相対的に日本語能力の低い M と Y に観察される。

(b) パラオにおける日本語習得の環境と過程

上に見たようなパラオの日本語変種を形作った基礎にあるのは，島の人々が受けた日本語教育である。日本統治下のパラオでは，制度を変えながらも，国語（日本語）教育が，公学校において，1945（昭和 20）年の終戦時まで継続的に行われた（学校の名称は時期によって異なる）。調査協力者が受けた教育は，公学校本科 3 年，補習科 2 年の教育課程において行われたものである。公学校へは 7 歳ごろから通学し，修身・国語・算術・理科・唱歌・体操・手工・農業（男子）・家事（女子）・

地理（補習科）などの教科目を履修した。授業時間数は週25時間前後で，そのうちの約半分が国語の時間である（南洋群島教育会（編）(1982[1938])）。教師は全員日本人で，授業はすべて日本語で行われたが，1年生など低学年を中心に，パラオ語の母語話者が通訳を担当し，理解を助けた。

　公学校は，パラオの場合，表3に示す5箇所に設置された。1935年時点の在学者数とあわせて示す（南洋群島教育会（編）(1982[1938])）。

表3　公学校の在籍者数
（1935年。南洋群島教育会（編）(1982[1938])より）

	本科	補習科
コロール公学校	112	120
マルキョク公学校	92	－
ガラルド公学校	110	－
ペリリュー公学校	70	－
アンガウル公学校	28	－
合　計	412	120

　補習科は，パラオではミクロネシア統治の中心機関である南洋庁のおかれたコロールだけに設置され，本科で優秀な成績を修めた者だけが進学した。補習科を卒業したあとの高等教育機関としては，木工徒弟養成所（男子）が，ミクロネシアでは唯一，パラオに設置された。

　日本語習得の機会ということでは，コロールなど日本人が多く住んでいた場所にかぎってのことではあるが，本科3年生や補習科の生徒を対象に，練習生という制度が設けられていた。この制度は，それぞれの生徒が学校の授業が終了してから日本人の家庭に赴いて家事や子守などの手伝いに従事することによって，日本の生活習慣を身につけることをねらったものである。この練習生制度に対する調査協力者の評価は，現在も連絡を取り合うほど親しく交わったというケースから，冷遇されたために否定的に捉えるケースまでさまざまであるが，日本語習得の場として効果的であったとする点では，多くの調査協力者が一致するところで

ある。なお,1935 年時点でのパラオの人口分布は表 4 のとおりである（南洋群島教育会（編）(1982 [1938]))。とくにコロール島周辺では,日本語を,外国語ではなく第二言語として習得したといった状況である。

表 4　パラオの人口分布
(1935 年。南洋群島教育会（編）(1982 [1938]) より)

	ミクロネシア人	邦人
コロール島周辺	1,184	5,108
バベルダオブ（本島）	3,067	716
ペリリュー島	716	221
アンガウル島	751	456
合　　計	5,718	6,501

(c) パラオにおける日本語の維持・摩滅の環境と過程

この目的についてわかったことはそれほど多くはない。調査の場では,日本語が以前ほどには話せなくなったと述べる調査協力者が多かったものの,実際に摩滅があったのかどうかは実はよくわかっていない。以下に述べることは,推測を含んだものである。

（1）筆者らの調査では,5 年の間隔をおいて同じ話者（表 2 では L, A, T, M の 4 名）にインタビューを行ったが,2 回の調査でその日本語に大きな違いはなかった。個々の話者が特徴的に頻用する形式も,複数回の調査のあいだではほぼ同じであった。仮に話者の日本語能力が摩滅したとして,このプロジェクトが対象としたレベルの話者の摩滅の過程を明らかにするには,5 年では足りないということであろう。

（2）以上の限界に対処すべく,筆者が採用した方法は,パラオの日本語話者の発話に見られる個人差（各話者に産出された発話の言語的複雑さの違い）を,摩滅のルートに置き換えて解釈するというものである。この方法は,第二言語習得研究における横断調査に相当するもので,次のような仮説に基づいている。可能表現にかぎるものではないが,可能表現を例にして述べれ

ば，次のようになる。

・日本語話者が可能表現を習得し，また忘れていくルートには，一定のものがある。
・調査時点においてそれぞれの話者のもつ可能表現能力（実際にはそれを反映した運用実態。以下同様）は，この（摩滅の）ルートのどこかに位置づけられる。
・多くの話者の可能表現能力を明らかにすることによって，この，可能表現の摩滅のルートが明らかにできる。

以上の仮説に基づいて表2を解釈し直せば，表5のような摩滅のプロセスが推測できる。摩滅は上のステージから下のステージに向かって進むというもので，上のステージと下のステージの形式の違いが，摩滅が生じた部分である（理解能力は維持している可能性がある）。

表5　パラオにおける日本語の摩滅のプロセス

ステージ	話者	各ステージにおける可能形式の使用状況
ステージ1	なし	五段動詞：可能動詞 一段・カ変動詞：助動詞ラレル サ変動詞：デキル／VNデキル／スルコトガデキル
ステージ2	L	五段動詞：可能動詞，助動詞レル（一部） 一段・カ変動詞：助動詞ラレル サ変動詞：デキル／VNデキル／※スルコトガデキル
ステージ3	AT	五段動詞：可能動詞，助動詞レル（一部） 一段・カ変動詞：助動詞ラレル サ変動詞：デキル／スルコトガデキル
ステージ4	MY	五段動詞：可能動詞，助動詞レル（一部） 一段・カ変動詞：？助動詞ラレル サ変動詞：デキル
ステージ5	なし	データからは確認できず
ステージ6	なし	可能表現の能力なし

※データにはないが，使用可能であると思われるもの
？データになく，使用可能であるかどうかもわからないもの

2.3　本プロジェクトではわからなかったこと

一方，このプロジェクトでは解明できなかったことも多い。以下のよ

うな事項である（(a)，(b)，(c) の記号は，**2.1** に示したプロジェクトの目的に対応する）。

(a) パラオの日本語変種のさらなる実態
本プロジェクトでは，以下の点が課題として残された。
（1） 日本語能力の高い話者には多くのインタビューを行うことができたが（公的機関や顔見知りになった話者に調査協力者の紹介を依頼するとこのタイプの話者を紹介されることが多い），能力の低い話者にインタビューを実施することはむずかしかった。調査の実施期間中に，2 時間程度のあいだに道ばたで出会った高年層の全員に日本語で話しかけてみるという調査を行ったことがあるが，（日本語能力の問題かどうかはわからないが）応答があった話者はかぎられていた。表 3 によれば補習科への進学率は 30％未満であり，本科だけで学校を離れた人も多かったはずである。このことを考慮すれば，筆者らが記述した日本語変種は，パラオの日本語変種のごく一部に過ぎない。
（2） 文末詞など他の言語項目についても，パラオの日本語話者の使用する日本語変種には，話者間でかなりの多様性が観察された。このことの要因には，日本語がもはや日常使用する言語ではなく，他の話者の日本語を聞く機会がなくなっていること，そのために，アコモデーションのような，ひとつの体系に収束する力が働かなくなっていること，などが考えられる。このプロジェクトでは，可能表現以外の表現領域や文法カテゴリーの記述も行うことを計画したが，十分なデータが集まらず分析できていない項目も多い（渋谷勝己 (1997) の用例分布など参照）。可能表現は比較的多くの用例が集まったが，使役や判断のモダリティなどについては十分なデータが集まらなかった。この問題について，一部の項目では，インタビューの際に，分析するカテゴリーを担う文

　　　　法形式を話者から引き出すために，話題を操作する（たとえ
　　　　ば，判断のモダリティ形式を引き出すために，「パラオの将
　　　　来」などの話題を提供する）ことも考えられ，実施してみた
　　　　が，日本語で調査を行っているためか，話題は「日本時代の
　　　　学校」「日本時代の生活」など過去の経験に流れがちで，思
　　　　うようには引き出せないというのが実際であった。使役など
　　　　は，話題をコントロールしても引き出すのがむずかしい項目
　　　　である。
（3）　パラオ調査の前に実施したヤップ調査において，調査協力者
　　　　から，ミクロネシアのさまざまな島から人が集まるパラオや
　　　　グアムの病院などでは日本語を使って会話を行うことがある
　　　　という情報を得た。そのような場で使用される日本語変種を
　　　　観察するために，パラオのある病院の許可を得て，1 週間ほ
　　　　ど，待合室で，1 日の診察時間のあいだすべて，そこで交わ
　　　　された会話を観察するという調査を実施したことがある。し
　　　　かし，そのような場面に遭遇することはなかった。

(b)　パラオにおける日本語習得の環境と過程
　パラオのそれぞれの時点における統治状況や社会状況については，多くの文書が残されていることもあり，比較的よくわかっていることが多い（各種統計資料や南洋群島教育会（編）(1982 [1938])，須藤健一・倉田洋二（監修）(2003) など）。しかし，文書に残されることのない次のようなこと，とくに個々の日本語使用者が構成するネットワークや参加する日本語インターアクション場面は，調査協力者の記憶に頼るしかない。しかも，インタビューを行ってもその実態はよくわからなかった。
　　・パラオの個々の日本語使用者は，どのようなプロセスを経て日本
　　　語を習得したのか。
　　・学校のなかでは具体的に，どのような日本語変種を用いて，どの
　　　ようなインターアクション（発話行為，発話事象，発話交換など）
　　　が，どのような頻度で行われたのか。それぞれの調査協力者は，

どのようなかたちでそこに参加したのか。
- 木工徒弟養成所や公学校の寄宿舎など，さまざまな島から母語を異にする生徒が集まったところでは，生徒同士がインフォーマルな会話を交わすとき，どのような日本語変種を用いて，どのようなインターアクションを行ったのか。
- 練習生としての派遣先家庭や卒業後の職場など，教室の外で，日本語で行われたインターアクションは，どのような相手と，どのような頻度で，どのような変種を用いて，どのように行われたのか。

（c）パラオにおける日本語の維持・摩滅の環境と過程

表5に示したプロセスは，先にも述べたように，多くの推測と仮説の上に成り立っている。そのなかでもとくに，次のような点は，この調査ではまったく明らかにできていない。

（1）個々の話者の日本語能力のピーク（表5のステージ1）はどこにあったのか。甲斐ますみ（2013: 258, 278, 281）は，台湾とパラオの日本語変種の可能表現の使用実態を比較しつつ，パラオの話者については，母語話者と同じような日本語可能表現体系が習得されたかどうか疑わしいとの判断を下している。

（2）表5は個々の話者の可能表現の使用実態を横断的に見ることによって，摩滅のプロセスを推定したものである。仮にパラオの日本語話者1人1人の日本語能力が摩滅したとして，それぞれの話者に生じた摩滅のプロセスが表5のようなものであったかはわからない。

（3）また，個々の話者が現在使用する日本語変種の違いには，実際に摩滅が生じたとして，どのような社会的，心理的，言語的な要因がかかわったのかも，ほとんどわかっていない。

3. 会話データでわかることとわからないこと

以上，筆者らが実施したパラオの日本語変種をめぐる調査では，一方ではわかったことがあるものの（**2.2**），わからなかったこともまた多い

（**2.3**）。後者のわからなかったことについては，分析の過程において，このような会話のデータが残されていればと思うところが少なくなかった。そこで本節では，必ずしも網羅的なものではないが，このような，残っていれば格段に研究を進展させる可能性があったという種類のデータをいくつか取り上げて，今後のデータベース構築のためのデータ収集の指針を考えることを試みる。ただし，いくらデータベースを豊かにしたからといっても，残されたデータだけでは解明できないこともある。以下では，最初に，仮に会話データが残されていたとしても，それによっては明らかにはできない／しにくいことを確認し（**3.1**），続いて，適当な会話データさえあればある程度は明らかにできたはずのことをまとめることにする（**3.2**）。

3.1　会話データによっては明らかにできないこと

　戦時中に日本語を学んだパラオの日本語話者は，表6（次ページ）の左の欄のようなプロセスによって，自身の日本語変種のシステムを構築（表6のa〜e），維持し（f），また摩滅させていったものと思われる（g〜h）。表の右の欄は，そのようなプロセスを明らかにするために調査すべきポイントである。

　以上のプロセスのなかには，仮に過去の多くの会話データが残されていたとしても，そのデータで解明できる／しやすいプロセスと，そうでないものがある。たとえば，残されたデータとは基本的に産出されたもの（product，結果）であるので，どのようなインターアクションがどのようなことばを使用して行われたかということはある程度わかるが，表の右の欄に「話者内部の心理的プロセス」と記載した事項，具体的には，aやb，d，g，hのような個人の頭のなかで長期的，短期的に起こったできごとについては，残された会話データによって明らかにできる部分はそれほど多くはない。

表6 パラオの日本語変種の習得・維持・摩滅のプロセス

習得・維持・摩滅のプロセス	調査すべきポイント
a. 学校や職場など,言語使用(インターアクション)の現場において,自身がまだ身につけていない日本語の要素や規則に接触し(インプット,気づき),形式と意味のマッピングを行いつつ,そのことばを自身の言語知識のなかに理解できる項目として取り込む。	・話者内部の心理的プロセス ・他の日本語話者とのインターアクション
b. その結果,自身の日本語システムのなかに,自由変異などを抱え込みつつ,自身のシステムの(再)構造化が起こる。	・話者内部の心理的プロセス
c. 自身でもそのことばや規則を使用してみる(bとcは順不同)。	・他の日本語話者とのインターアクション
d. 何度も使用することによってその使用が自動化していくとともに,同じことばを他の話者が使用しているのを聞いてそのことばの知識を強固なものにする。	・話者内部の心理的プロセス
e. 以上のプロセスを共同体の複数のメンバーが繰り返すことによって,そのことばが社会に定着していく。	・社会レベルでの定着のプロセス
f. そのことばがほぼ安定して個人・社会レベルで使用される。	・個人レベル・社会レベルでの使用実態
g. 日本語母語話者がまわりにいなくなることによって,日本語を使用する機会がなくなる。その結果,徐々に,それまで使用が自動化されていた部分のなかに,モニターしなければ使用できなくなるところが出てくる。	・話者内部の心理的プロセス ・他の日本語話者とのインターアクション
h. それぞれの話者の日本語能力のピークなどとも関連し,話者内,話者間に自由変異が見られるようになり,パラオの日本語変種が多様化する。	・話者内部の心理的プロセス ・他の日本語話者とのインターアクション

3.2 ある種の会話データがあればある程度解明できたこと

　以上のように,仮に多くの会話データが残されていたとしても,パラオの日本語変種の習得や維持,摩滅のプロセスを明らかにできるところは,実はそれほど多くはないのであるが,少なくとも次のようなデータがあれば,そのプロセスを,より明らかにできたものと思われる。以下,筆者らの2つめのプロジェクトが重点的な対象として設定した,表6のf〜hの維持・摩滅のプロセスに限定して考える。

　　（ア）　終戦以降のパラオの日本語話者の多様な日本語会話データ。
　　　　1945年の終戦から現在にいたるまでのあいだの,パラオの日本

語話者が日本語で交わした会話のデータ（相手は日本語母語話者か，母語を共有しない他の島の人々など）であれば，いつの，どのようなデータであっても貴重である（データの収録時期・状況や，日本語学習・使用歴などの話者情報があるのが望ましい）。とくに，筆者らのプロジェクトに先立って収集されたデータ，そのなかでも，日常の必要性から行われた自然なインターアクションのデータであれば，より貴重な資料となる。そのようなデータがあれば，次のようなことが可能になろう。

・その時点の話者の日本語能力がどのようなものかおおよそわかる。
・当該データのなかの，話者の，相手が使用したことばの繰り返し（借用）や，言いよどみ，自身が発したことばの自己修正などを観察することによって，摩滅あるいは日本語使用の自動化の衰えの状況をある程度推測することもできると思われる（金昂京（2010））。

　そしてなによりも，表5で見たような，摩滅のルートを推定する／破棄するための，横断的なデータとなるはずである。

（イ）パラオの日本語話者の縦断データ。（ア）の横断的なデータよりも貴重なのは，個々の話者の縦断データである。たとえば，**2.** で取り上げた話者1人1人が，終戦時から現在にいたるまでに日本語を使用する機会があったとして，その時々に使用した日本語の縦断的なデータが残されていれば，その話者の日本語能力の推移がより明確に解明できたであろう。とくに，日本語能力のピークを示すであろう終戦時のデータがあれば，現在にいたるまでに，話者の日本語能力／日本語運用能力が維持されているのか摩滅したのか，摩滅したとすればその摩滅とは日本語能力の摩滅なのか日本語運用能力（たとえば使用の自動化）の摩滅なのか，どのような部分（文法カテゴリーなど）の能力が摩滅したのか，などが判断できたと思われる。

（ウ）スタイル能力がわかるデータ。上の（ア）と（イ）がもっとも必

要とされるデータであるが，そのほかに，話者のスタイル能力がわかるデータも望ましい。言語能力の摩滅は，場面間でスタイルシフトができなくなるというかたちでも現れるからである。この点，本プロジェクトで収集したデータは調査者を相手とする（おそらく）フォーマルな会話データであり，その場面があまりないということもあってインフォーマルな会話のデータを集めることはできなかった。このようなスタイル能力が把握できるデータは，**1.** の (B) 一定の目的をもったデータで述べたように，計画性をもってでなければ集めにくいデータであるが，維持や摩滅のプロセスを包括的に明らかにするためには望ましいデータである。

　なお，上のうち（ア）については，どこかにデータが残されている可能性がないわけではない。たとえば「パラオ」を検索語としてNII学術情報ナビゲータ（CiNii）で論文検索をかけてみると，終戦時から筆者らが最初の調査を行った1990年代半ばまでの期間には，海洋植物，海洋生物，植物，昆虫，鉱物，地質などの自然科学系の研究のほかに，遺跡，政治組織，社会制度，憲法，開発と環境問題，音楽，言語（パラオ語）などの人文・社会系の研究もパラオで行われている。1960年から1990年にかけては，たとえばこの論文で取り上げたパラオの日本語話者たちは30歳から60歳ほどの年齢にあり，社会の一線で活動していた時期である。とくに人文・社会系の研究を実施する場合には，パラオの人々を対象に日本語を用いての調査が行われ，その内容が録音されて残されている可能性もある。この論文では，将来の研究のために，今後，できるだけ多くのデータを収録して残すべきことを主張したが，それと同時に，過去に収録され，どこかに残されているかもしれないデータを発掘することも可能なかぎり行うべきであることはいうまでもない。パラオにかぎらず，ライフヒストリーをはじめとして，他分野で行われた調査のデータは，ことばの研究にとっても貴重なデータである。既存の分野の枠をこえたアーカイブの構築が望まれるところである（この面での実践例は，アメリカ・ハワイについての朝日祥之・原山浩介

（編）（2015）参照）。

4. おわりに

　この論文では，筆者らが実施したパラオの日本語変種の記録と記述，その習得・維持・摩滅の環境と過程をめぐる調査結果を材料として，今後，データを収集し，データベースを構築していくためのひとつのあり方，すなわち，その時点では必要ではないかもしれないが，いずれ必要になるかもしれないデータを，今後の研究の展開を見据えつつ，収集しておく必要性を考えてみた。このようなデータを集めることには，以前にくらべ，調査をめぐる倫理規定が厳しくなっているといったハードルも生じているが，音声や映像データを収録するための機器や，記録を保存しておく媒体の面での進歩は大きなメリットとなっている。

　そもそも言語の歴史的研究は，言語研究以外の目的で作成されたデータを分析することによって進展してきた。社会言語学においても，たとえば高木千恵（2006）のように，子どもの成長記録として約25年間にわたって収録された音声資料を用いて，個人の方言習得の状況を縦断的に解明しようとした試みがある。ハワイ等の日本語変種の研究が，日系移民のライフヒストリーを描くために収集されたデータを対象にして行われていることは，1. で述べたとおりである。

　このように，残されたデータのなかには，ことばの研究にとって貴重なものが数多くある。これを，さらに，言語研究者が，過去の言語研究の展開のあり方を踏まえつつ，漠然とでも将来の利用可能性を考慮しながら収集するのであれば，その価値は格段に高いものになろう。この論文が，「収集時点での目的は明確に定まっていなくても，将来の研究を視野に入れてストックしておくデータ」を収集することの重要性を主張するゆえんである。

引用文献

朝日祥之・原山浩介（編）（2015）『アメリカ・ハワイ日系社会の歴史と言語文化』東京堂出版.

甲斐ますみ（2013）『台湾における国語としての日本語習得―台湾人の言語習得と言語保持，そしてその他の植民地との比較から―』ひつじ書房．
金昂京（2010）「帰国子女の日本語の維持と摩滅」『日本語学』29-14，pp. 183–195，明治書院．
渋谷勝己（1997）「旧南洋群島に残存する日本語の文法カテゴリー」『阪大日本語研究』9，pp. 61–76，大阪大学文学部日本語学講座．
渋谷勝己（2003）「消滅の危機に瀕した第二言語―パラオに残存する日本語を中心に―」『国立民族学博物館調査報告 39 消滅の危機に瀕した言語の研究の現状と課題』pp. 31–50，国立民族学博物館．
須藤健一・倉田洋二（監修）（2003）『パラオ共和国―過去・現在・そして未来へ―』おりじん書房．
高木千恵（2006）「関西における幼児期・児童期の方言習得」，中井精一・ロング，ダニエル・松田謙次郎（編）『日本のフィールド言語学―新たな学の創造にむけた富山からの提言―』pp. 300–313，桂書房．
南洋群島教育会（編）（1982［1938］）『南洋群島教育史』青史社．
Bahrick, Harry P. (1984) Fifty years of second language attrition: Implications for programmatic research. *The Modern Language Journal* 68. pp. 105–118.
Hayashi, Brenda (1995) Second language maintenance: The case of Japanese negation in Pohnpei.『宮城学院女子大学人文社会学論叢』4，pp. 107–123.
Hiramoto, Mie (2010) Dialect contact and change of the northern Japanese plantation immigrants in Hawai'i. *Journal of Pidgin and Creole Languages* 25. pp. 229–262.
Lambert, Richard D., and Barbara. F. Freed (eds.) (1982) *The Loss of Language Skill*. Rowley, MA: Newbury House.
Matsumoto, Kazuko (2001) Multilingualism in Palau: Language contact with Japanese and English. In Thomas E. McAuley (ed.) *Language Change in East Asia*. pp. 87–142. Richmond, Surrey: Curzon Press.
Schmid, Monika S. (2011) *Language Attrition*. Cambridge: Cambridge University Press.

第2部

学習者コーパスによる語彙研究

タスク遂行の鍵となる形態素
―KYコーパスへの話題タグと機能タグの付与―

山内　博之

1. この論文の主張

　日本語教育におけるそれまでの文法の扱いを白紙に戻し，コミュニケーションを目的とするためにはどのような文法が必要であるのかということを論じた野田尚史（編）（2005）以来，日本語教育文法に関する議論が盛んに行われるようになった。しかし，これまでのところ，日本語教育文法に関する議論は初級に焦点が当てられることが多く，上級，特にネイティブに近いようなレベルの学習者が使用する文法項目が研究の対象となることはほとんどなかった。そこで，この論文では，分析の対象を主にOPIの「超級」の話者とし，以下の3点を探る。

　　（1）　超級話者であることを最も顕著に特徴づける文法形態素は何か。
　　（2）　それらの形態素が出現する条件は何か。
　　（3）　それらの形態素は，「超級」レベルのタスクの遂行にどのように寄与しているか。

　この論文では，分析データとしてKYコーパスを使用するが，上記の（2）と（3）の分析を行うために，次の（4）を行う。

　　（4）　KYコーパスに話題タグと機能タグを付与する。

　上記の（1）から（4）について，以下，**2.** から **6.** で順に述べていく。まず，**2.** では（1）について述べ，**3.** では（4）について述べ，**4.** 以降の分析に備える。**4.** と **5.** では（2）について述べ，**6.** では（3）につい

て述べる。そして，**7.** では，**2.** から **6.** のまとめを行う。この論文の結論として **7.** で述べること，つまり，**2.** から **6.** の分析で得られたことは，次の 3 点である。

  （5） 超級話者であることを最も顕著に特徴づける文法形態素は，「こう」と「っていう」である。

  （6） OPI における「こう」「っていう」の出現は，突き上げの回数よりも，話題の選択に大きく影響を受ける。

  （7） 「こう」「っていう」の使用は，別の時点での思考・感覚・観察を，話者が，発話時にありありと再現しようとすることと関係がある可能性がある。

なお，この論文では，4 技能のうちの「話す」技能のみを扱う。文法形態素の難易度は，「聞く」「話す」「読む」「書く」のどれを前提とするかによって異なる可能性がある。そのため，この論文では，とりあえず，「話す」技能に焦点を絞って議論を行う。

2. 超級話者であることを特徴づける文法形態素

 2. では，超級話者であることを最も顕著に特徴づける文法形態素が何であるのかを探っていく。

 その際，参考にしたのが山内博之（2004）の分析結果である。山内博之（2004）では，形態素解析ソフト「茶筌」と「N グラム統計」を使って KY コーパスを分析し，超級話者の発話に頻出する形態素（もしくは文字列）を洗い出した。具体的には，茶筌によって（8）の形態素を洗い出し，N グラム統計によって（9）の文字列を洗い出した。

  （8） けれども，こう，そういう，っていう，まあ

  （9） 思うんです，そういう，っていう，んですけ，んですね，んですよ，んですよね

「そういう」と「っていう」は両方の手法で洗い出されている。これらをダブルカウントせず，（8）と（9）を合計すると 10 項目となる。

 山内博之（2004）では，（9）を洗い出す際には「超級」の話者 15 人の合計の使用数のみを検討の対象とした。また，（8）を選び出す際に

は,「超級」話者15人の合計の使用数のみでなく,「上級-上」話者と「上級」話者を合わせた30人の合計の使用数も考慮に入れたが,「上級-上」と「上級」というサブレベルを分けて分析することはしなかったし,使用状況を被験者別に観察することもしなかった。そこで,ここでは,「超級」の15人それぞれの使用状況を個別に調査し,それを,「上級-上」18人と「上級」12人の使用状況と照らし合わせ,次の2つの条件を満たす項目を,前記の10項目の中から洗い出すことにした。

(10)「上級」話者はほとんど使用していない。

(11)「超級」話者は安定して使用している。

「上級」話者がほとんど使用していない項目を選ぶ理由は,「上級」話者がある程度使用しているようでは,それが「超級」であることを顕著に特徴づける文法形態素であるとは言えないからである。そして,「超級」話者が安定して使用している項目を選ぶ理由は,人によって使用が異なる項目ではなく,「超級」話者であれば誰もが頻繁に使用する項目,つまり,シラバスに堂々と載せることができる項目を見つけだしたいということである。

最初に,(10)に違反する項目,つまり,「上級」話者がある程度安定して使用している項目をそぎ落とす。その項目は,次の表1に示した「んですけ」「まあ」「そういう」「んですね」の4項目である。

表1　難易度の高い文法項目の分析(1)

	んですけ	まあ	そういう	んですね
超級 (15人)	20.5回 15人 (100%)	32.0回 15人 (100%)	17.9回 14人 (93%)	11.4回 11人 (73%)
上級-上 (18人)	13.2回 15人 (83%)	15.6回 15人 (83%)	13.1回 15人 (83%)	5.8回 8人 (44%)
上級 (12人)	3.8回 8人 (67%)	8.8回 7人 (58%)	2.3回 6人 (50%)	1.7回 4人 (33%)

まず，表の見方についてであるが，表1の各列には，「んですけ」「まあ」「そういう」「んですね」の各レベルにおける平均使用回数及び使用人数とその百分率が示してある。たとえば，「んですけ」の「超級」の欄を見ると「20.5回」「15人」「100％」という数字が並んでいるが，これは，「超級」話者が，1回のOPIの中で1人平均「20.5回」「んですけ」を発話し，そして，「んですけ」を2回以上使用した話者が「15人」いることを示している。「100％」というのは，その「15人」が，「超級」話者全体の中の「100％」に当たることを示している。つまり，「超級」話者15人の「んですけ」の使用率は「100％」であり，15人全員が2回以上「んですけ」を発話したということである。なお，使用者数をカウントする際には，偶然の使用という可能性を少なくするために，「1回以上の使用」ではなく，「2回以上の使用」を基準とした。

　表1に示した項目は，「上級」での使用率が高かったものである。表1の「上級」の行を見ると，「んですけ」「まあ」「そういう」「んですね」それぞれの使用率が「67％」「58％」「50％」「33％」であることがわかる。最も使用率が低い「んですね」でも，「上級」話者の3分の1が使用している。そのため，これら4項目は，超級であることを特徴づける項目であるとは言えないと判断した。

　次の表2（次ページ）に示した4項目は，（11）に違反する項目，つまり，「超級」話者の使用が安定していない項目である。具体的には，使用回数が10回以下の項目をリストアップした。10回という数字に特別な根拠はないが，10回以上の使用を安定的な使用であると考えることにした。

　表2を見ると，「けれども」「思うんです」「んですよ」「んですよね」の使用回数はそれぞれ「8.5回」「6.7回」「5.1回」「3.4回」であり，いずれも10回には達していないことがわかる。また，使用率もそれほど高くはなく，特に，「けれども」と「んですよね」は，「超級」話者の約半分しか使用していない。

表2　難易度の高い文法項目の分析（2）

	けれども	思うんです	んですよ	んですよね
超級 （15人）	8.5回 8人 （53%）	6.7回 11人 （73%）	5.1回 10人 （67%）	3.4回 8人 （53%）
上級－上 （18人）	4.8回 6人 （33%）	4.7回 10人 （56%）	5.4回 9人 （50%）	3.3回 6人 （33%）
上級 （12人）	1回 2人 （17%）	0.3回 1人 （8%）	0.8回 1人 （8%）	0.1回 0人 （0%）

　次の表3に示す項目は，（10）（11）の両方の基準を満たしていると思われる項目である。それらは，「こう」と「っていう」である。なお，「っていう」については，促音のない「ていう」もカウントする対象とした。また，「こう」「っていう」の使用数をカウントする際には，定形的な表現であると思われる「こういう」「なんていう（か）」の中の「こう」「ていう」は回数には含めなかった。

表3　難易度の高い文法項目の分析（3）

	こう	っていう
超級 （15人）	19.4回 11人 （73%）	15回 12人 （80%）
上級－上 （18人）	5.8回 3人 （17%）	9.2回 9人 （50%）
上級 （12人）	0回 0人 （0%）	0.4回 1人 （8%）

　表3によると，「こう」と「っていう」のそれぞれの使用回数は，「19.4回」と「15回」である。つまり，それぞれ，30分以内のインタビューの中で，概ね，「こう」は1分30秒に1回，「っていう」は2分

に1回のペースで,平均して使用されていることになる。また,使用人数についても,「こう」は15人中11人,「っていう」は15人中12人が使用しており,「超級」話者であれば,比較的高い確率で「こう」「っていう」を使用すると言える。また,「上級」での使用はほとんどない。

「上級-上」での使用は,「こう」「っていう」とも,ゼロではないが,安定して使用されているとも言えない。OPIにおける「上級」と「上級-上」の違いは,「超級」の要素をどの程度持っているのかということである。「上級-上」の話者は,かなりの程度,「超級」のタスクがこなせているから,「上級」ではなく「上級-上」と判定されているのである。「こう」「っていう」の使用が「上級」ではほとんど見られず,「上級-上」である程度見られたということは,「こう」「っていう」の使用が,「超級」の言語活動上のタスクの遂行と強く関わっていることを示しているのではないかと考えられる。

3. KYコーパスへの話題タグと機能タグの付与

2.での分析により,超級であることを最も顕著に特徴づける文法形態素が「こう」と「っていう」であることが明らかになった。次に,「こう」「っていう」が,どのような条件の下で出現するのか,また,これらの形態素の使用が,「超級」レベルのタスクの遂行にどのように寄与しているのかということを探っていくわけであるが,その分析の準備として,KYコーパスに,話題タグと機能タグを付与する。3.では,KYコーパスへの話題タグと機能タグの付与について述べる。

先に例を示すが,たとえば,CS03という「超級」話者のインタビューには,次の(12)のようなタグをつけた。

(12) 【導入】→【出身地】→【来日の理由・目的】→【現在の身分】→［大学時代の専門］→［中国文学と日本文学］〈比較〉→【休日や暇な時間の過ごし方】→［出身地の名所］→［台湾と中国の関係］《意見》→［台湾の国会議員］《意見》→［環境問題］〈説明〉《意見》→［来日時の身分］→［留学］《助言》→【家族】

〈説明〉→［映画］〈ストーリーテリング〉→［未婚の母］《意見》→［クウェートとイラクの問題］《意見》→【RPS：友達に禁煙を勧める】→【RPS：歓迎パーティーでスピーチをする】→【終結】

　（12）では【　】［　］〈　〉《　》という4種類の括弧を使用しているが，付与するタグは4種類であり，それぞれの内容がこの4種類の括弧で示されている。【　】と［　］は，テスターと被験者がその部分で話している「話題」を表し，〈　〉と《　》は，その話題の中でテスターが試みた突き上げの「機能」を表している。OPIにおける会話は，テスターの意図によって形成されていくものである。普通，テスターには扱う話題についての明確な目的意識があるので，OPIのインタビュー全体を話題で分割していくことは，それほど難しいことではない。テスターの意志によって設定された話題によってインタビュー全体を分割し，その話題の内容を表すタイトルをつけていったのが【　】と［　］である。（12）には【　】と［　］が合計で20個あるので，CS03のインタビューは，話題によって20に分割できたということである。

　【　】と［　］のうち，【　】は「基本話題」を表し，［　］は「派生話題」を表している。基本話題とは，OPIにおいて，いきなり持ち出しても不自然でない話題のことである。たとえば，【導入】とは，テスターと被験者がお互いに自己紹介をする談話であり，当然のことではあるが，いきなり持ち出しても不自然ではない話題である。その後，【出身地】【来日の理由・目的】【現在の身分】と，いきなり持ち出しても不自然でない話題が続き，それぞれの内容について，テスターが被験者に質問している。その後，【現在の身分】に関する被験者の発話内容から派生させて，［大学時代の専門］について話をさせている。その後，さらに，［大学時代の専門］に関する被験者の発話内容から派生させて，テスターは，［中国文学と日本文学］について話をさせ，それが終わった後，【休日や暇な時間の過ごし方】という基本話題に戻っている。派生話題とは，このように，直前の話題における被験者の発話内容から派生させてテスターが設定する話題のことである。なお，「RP」で始まる項目は「ロー

ルプレイ」を表しているが，ロールプレイも，OPIの中ではいきなり持ち出すものであるので，【　】に入れてある。なお，「RPS」の「S」は「超級：Superior」の「S」を表すものであり，このロールプレイが「超級」レベルのものであることを示している。

　OPIのインタビューは，(12)における話題の推移からわかるように，基本話題から始まって派生話題へと移行していき，ひととおり話が終わると，再度，別の基本話題から始めて派生話題へと移るという構造を持っている。そして，その話題の流れの中で突き上げを行う。

　〈　〉と《　》は，テスターが試みた突き上げの「機能」を表しているが，そのうち，〈　〉は「上級」レベルの突き上げの機能を表し，《　》は「超級」レベルの突き上げの機能を表している。(12)で言えば，［中国文学と日本文学］という話題において〈比較〉させるという機能の突き上げを行っており，［台湾と中国の関係］という話題においては《意見》を言わせるという機能の突き上げを行っている。ちなみに，［環境問題］という話題では，〈説明〉と《意見》という2つの突き上げを行っている。

　基本話題と派生話題のうち，基本話題はいきなり持ち出すことができるものであるので，その数は限られている。また，「上級」と「超級」の突き上げの機能の数も限られている。(13)には，【導入】【終結】とロールプレイ，及び，ロールプレイの前に時々行われる【逆質問】を除いた基本話題を挙げる。また，(14)には「上級」の突き上げの機能，(15)には「超級」の突き上げの機能を挙げる。(14)には5種類，(15)には4種類の機能を挙げたが，経験的には，これで，ほとんどすべての突き上げが網羅できているものと思われる。

(13)　【家族】【学校】【帰国後の予定】【休日や暇な時間の過ごし方】【今日の予定】【現在の身分】【出身地】【趣味】【スポーツ】【住んでいる場所】【専門】【テレビ】【日課】【日本に来て困ったこと】【日本の印象】【日本の生活】【来日】【来日の理由・目的】【来日前の身分】

(14)　〈説明〉〈比較〉〈描写〉〈手順〉〈ストーリーテリング〉

（15）《意見》《仮定》《反論》《助言》

　基本話題は，(13) に示したように，おそらく 20 種類程度に収束するものと思われるが，派生話題の種類は相当数に上る。この相当数に上る派生話題において，(14)(15) の機能の突き上げを自由自在に行うことが，OPI テスターの技術・技量であるとも言える。

4. 機能タグから見る「こう」「っていう」の出現条件

　4. では，3. で解説した 2 種類のタグのうちの機能タグを利用して，「こう」「っていう」が出現する条件を探る。

　1 つのインタビューの中での機能タグの個数は，そのインタビューの突き上げの回数を表している。つまり，《意見》《仮定》《反論》《助言》という「超級」の機能タグの個数を数えれば，「超級」の突き上げの回数がわかるわけである。KY コーパスの「超級」話者 15 人のインタビューにおける「超級」の突き上げの回数を数えたところ，「4 回以上」と「2 回以下」に分かれたので，前者を「突き上げの多いインタビュー」，後者を「突き上げの少ないインタビュー」として，「こう」「っていう」の出現数とともに，表 4，表 5 にまとめた。

表 4　突き上げの多いインタビュー

	突き上げ	こう	っていう	合計
CS02	4 回	35	0	35
CS03	6 回	0	3	3
CS04	5 回	2	3	5
ES01	5 回	2	17	19
ES07	5 回	95	20	115
KS09	6 回	2	3	5
合計 (平均)		136 (22.7)	46 (7.7)	182 (30.3)

表5　突き上げの少ないインタビュー

	突き上げ	こう	っていう	合計
CS01	1回	32	0	32
CS05	2回	4	14	18
ES02	2回	5	24	29
ES05	2回	0	2	2
ES06	0回	0	1	1
KS01	0回	0	43	43
KS03	1回	51	3	54
KS06	2回	43	34	77
KS07	2回	20	58	78
合計（平均）		155 (17.2)	179 (19.9)	334 (37.1)

　表4は，「超級」の突き上げが4回以上行われていたインタビューについての表である。一番上の行を見ると，CS02という中国語を母語とする「超級」話者のインタビューでは，「超級」の突き上げが4回行われ，「こう」「っていう」の出現数がそれぞれ「35回」「0回」であり，その両者の合計が「35回」であることがわかる。ちなみに，「ES」は，その被験者が英語を母語とする「超級」話者であることを表し，「KS」は，韓国語を母語とする「超級」話者であることを表している。

　表4，表5を見ると，どちらの表においても，「こう」「っていう」の使用回数における被験者ごとのばらつきが非常に大きいことがわかる。つまり，突き上げの多い少ないと「こう」「っていう」の使用回数の間に何らかの関係があるとは言いにくいということである。また，被験者1人当たりの「こう」「っていう」の使用回数の平均値を見ると，「こう」では表4が上回っているが，「っていう」では表5が上回っている。突き上げの多い，しっかりしたインタビューの方が，超級の特徴である「こう」「っていう」を含む発話をより多く引き出しそうなものであるが，そのようなことは表4，表5からは言えない。それどころか，「こう」「っていう」の出現は，突き上げの多い少ないとはほぼ無関係であるということが，表4，表5からは見てとれる。

しかし，それなら，「超級」話者の「こう」「っていう」の出現は，何によって説明できるのであろうか．表6は，「こう」「っていう」の出現回数を被験者別に示し，さらに，両者の出現の仕方のタイプを4つに分類したものである．

　表6の上から並んでいるES07，KS06，KS07の3人は，「こう」と「っていう」の両者をともに多く使用している．そのため，この3人をバランス型とした．その次の行からのCS01，CS02，KS03の3人は，「こう」をかなり多く使用しているが，「っていう」をほとんど使用していない．そのため，「こう」型とした．次のCS05，ES01，ES02，KS01は，「っていう」を多く使用しているが，「こう」をあまり使用していない．そのため，「っていう」型とした．最後のCS03，CS04，ES05，ES06，KS09の5人は，どちらもあまり使用していないため，消極使用型とした．

表6　「こう」「っていう」の被験者別出現数

	こう	っていう	タイプ
ES07	95	20	バランス型
KS06	43	34	
KS07	20	58	
CS01	32	0	「こう」型
CS02	35	0	
KS03	51	3	
CS05	4	14	「っていう」型
ES01	2	17	
ES02	5	24	
KS01	0	43	
CS03	0	3	消極使用型
CS04	2	3	
ES05	0	2	
ES06	0	1	
KS09	2	3	
合計	291	225	

2. での分析によれば，「超級」のタスク遂行能力をほとんど持っていない「上級」話者は「こう」「っていう」をほとんど使用せず，「超級」のタスク遂行能力を部分的に持っている「上級－上」話者は「こう」「っていう」を部分的に使用し，「超級」のタスク遂行能力を安定して発揮できる「超級」話者は「こう」「っていう」を安定して使用しているとのことである。このように，「こう」「っていう」の使用は，「超級」のタスク遂行と密接に関係しているものであると思われるが，表6で「超級」話者の「こう」「っていう」の使用状況を被験者別に詳細に眺めると，2. で分析したように，ほとんどの被験者がどちらかを2回以上使用しているが，被験者ごとの使用回数には，実際にはかなりのばらつきがあることがわかる。

　表6を丹念に見ると，「こう」「っていう」の使用は，被験者の母語によって若干の差があるようにも感じられるが，それ以上に個人差の方が大きく，「こう」「っていう」の使用のばらつきは，ここで示したデータからは，個人差によるものであると結論づけるのが，とりあえず，妥当であるように思われる。

5. 話題タグから見る「こう」「っていう」の出現条件

　4. での分析により，「こう」「っていう」の出現は，テスターが行う突き上げの機能とは関係がないことが明らかとなった。5. では，3. で設定したもう1つのタグである話題タグと「こう」「っていう」の出現の関係を探る。

　3. で，OPIで扱う話題には基本話題と派生話題の2つがあることを述べたが，表7は，「超級」話者15人が，基本話題と派生話題のそれぞれで「こう」「っていう」を何回使用したかということをまとめたものである。なお，タグづけの際には，「逆質問」と「ロールプレイ」には基本話題のタグをつけたが，テスターの質問に導かれて被験者が話をするわけではないという意味で，他の話題とはやや性質が異なるので，表7を作成する際には「逆質問」と「ロールプレイ」を除いて基本話題の数をカウントした。

表7 「こう」「っていう」の話題別出現数

出現回数	基本話題	派生話題	合計
「こう」「っていう」のどちらも出現なし	78 （54%）	66 （46%）	144
「こう」「っていう」のどちらかが1〜4回出現	15 （31%）	34 （69%）	49
「こう」「っていう」のどちらかが5〜9回出現	3 （15%）	17 （85%）	20
「こう」「っていう」のどちらかが10回以上出現	0 （0%）	10 （100%）	10
合計	96	127	223

　表7の一番上の行には，「こう」「っていう」のどちらも出現しなかった話題の数がまとめられている。「こう」「っていう」のどちらも出現しなかった話題の総数は「144」で，その内訳は基本話題が「78」で派生話題が「66」となっている。これを百分率で表すと，基本話題が「54%」で派生話題が「46%」となる。その下の行には，「こう」「っていう」のどちらかが1〜4回出現した話題の数がまとめられている。そこでの派生話題のパーセンテージは「69%」であり，「こう」「っていう」のどちらも出現しなかった場合よりも増えていることがわかる。「こう」「っていう」のどちらかが5〜9回出現した話題では，派生話題の割合はさらに増え，「こう」「っていう」のどちらかが10回以上出現した話題においては，派生話題の割合は「100%」になっている。つまり，基本話題よりも派生話題の方が「こう」「っていう」がより多く出現しやすいということである。

　3. でも述べたように，OPIのインタビューは，基本話題から始め，基本話題における被験者の発話内容から次の話題を派生させて，話を続けていく。「こう」「っていう」は基本話題ではあまり出現せず，基本話題から派生話題へ，さらに1つめの派生話題から2つめの派生話題へというように，話が展開していくと出現しやすくなる形態素なのであろう。

　表7において，「こう」「っていう」のどちらかが10回以上出現していた派生話題は，以下のとおりである。

(16) ［アメリカと日本の関係］［核家族と大家族］［学生運動］［カルチャーショック］［小学校の先生時代の生活］［外から見たアメリカ］［中国と日本の関係］［日本と自分］［日本の米政策］［ワールドカップの日韓共同開催］

　(16) の話題と，(13) に示した基本話題とを比べてみると，(16) の方が社会的で抽象的な話題であることがわかる。4. では，「意見を言わせる」「反論する」などの機能を持つ突き上げを行わなくても，「こう」「っていう」は出現すると述べた。OPI のインタビューにおいては，「意見を言わせる」「反論する」というような突き上げを行うことよりも，基本話題から話を展開していき，(16) のような社会的・抽象的な話題で被験者に話をさせることの方が重要なのであろう。

6.　上級と超級の発話の質の違い

　5. では，「こう」「っていう」が，基本話題から話を展開させていくことによって出現するようになることを述べた。しかし，OPI において，基本話題から派生話題へと話を展開させていくのは，「超級」話者に対するインタビューに限られたことではない。「上級」話者に対してでも，テスターは，基本話題から始め，派生話題へと話を展開させていくのであるが，「上級」では，「こう」「っていう」の出現はほぼゼロである。テスターは同じように話を展開させているのに，なぜ，「超級」話者は「こう」「っていう」を使用でき，「上級」話者は使用できないのであろうか。それを知る手がかりとして，6. では，「超級」話者と「上級」話者の発話の質の違いについて検討する。具体的には，同じタグが付された「上級」と「超級」の発話同士を比較してみる。

　3. で，KY コーパスに話題タグと機能タグを付し，話題タグには基本話題のタグと派生話題のタグの2種類があり，機能タグには，「上級」の突き上げの機能を示すタグと「超級」の突き上げの機能を示すタグの2種類があることを説明した。これら4種類のタグのうち，「上級」の突き上げの機能を示すタグに着目し，同じタグがついた「上級」と「超級」の発話同士を比較してみることにする。

4種類のタグのうち,「上級」の突き上げの機能を示すタグを選んだ方法は消去法である。5. の分析を見る限りでは,「こう」「っていう」は派生話題のタグが付された発話の中で最も多く現れそうであるが, 3. で説明したように, 派生話題にはかなりの種類があり, かつ, 話題の内容を表すタグの名称を筆者が主観的に名づけてもいることから,「上級」と「超級」で同じような名称を持つ派生話題のタグを探すことは, 現実的に困難であった。そのため, 派生話題のタグは選ばなかった。また, 基本話題の中で「こう」「っていう」が出現しにくいことは, 5. での分析からわかっているので, 基本話題のタグも選ばなかった。そして,「上級」話者は,「超級」の突き上げに対しては言語的挫折を起こしているはずなので,「超級」の突き上げの機能のタグも選ばなかった。このようにして残ったのが,「上級」の突き上げの機能を示すタグである。

　「上級」の突き上げの機能を示すタグは,（14）に示したとおり,〈説明〉〈比較〉〈描写〉〈手順〉〈ストーリーテリング〉の5種類である。これらのうち, 被験者が自由に話せる度合いが最も高いと思われるのが〈比較〉である。なぜかと言うと,〈比較〉の突き上げにおいては, どのような観点から比較するのかということを, 被験者が選べることが多いからである。そこで,〈比較〉タグが付されている「上級」と「超級」の発話を, 話題単位で取り出すことにした。その結果,「上級」話者12人分のインタビューデータの中から14例,「超級」話者15人分のインタビューデータの中から16例が抽出された。

　これらのうち, 被験者が〈比較〉の突き上げには答えず, 質問の意味を確認する質問をテスターに投げかけ, その後, テスターが違う機能の突き上げをしたために, 被験者が〈比較〉を行っていないものが,「上級」と「超級」で1例ずつあった。また,「2つの事柄がどう違うか」と聞かれ, 被験者が「まったく違いがない」と答えて〈比較〉を行わなかったものが「超級」で1例あった。これらの3例を除くと,「上級」で13例,「超級」で14例が残るので, これらの計27例を, 分析を行うデータとした。「上級」の13例の話題を（17）に,「超級」の14例の

話題を(18)に,それぞれKYコーパスの被験者の番号とともに示す。

(17) ［アメリカと京都の交通事情］EA01,［アメリカの大学生活と日本の大学生活］EA02,［英語と日本語］EA02,［英語と日本語］KA05,［韓国語と日本語］KA05,［韓国と日本］KA01,［韓国の交通事情と日本の交通事情］KA05,［ソウルと東京］KA03,［ソウルと名古屋］KA04,［東京と京都］KA06,［テレビ］KA06,［日本の文学］EA03,【日本の印象】EA02

(18) ［アメリカの医療制度と日本の医療制度］ES02,［アメリカの西部と東部］ES06,［韓国の学校と日本の学校］KS03,［韓国の先生と日本の先生］KS09,［韓国の大学生と日本の大学生］KS07,［韓国の大学と日本の大学］KS01,［韓国のテレビ番組と日本のテレビ番組］KS03,［中国の学生と日本の学生］CS02,［中国の生活と日本の生活］CS01,［中国文学と日本文学］CS03,［東京の生活と大阪の生活］ES06,［ニューヨークと東京］ES01,［昔の学生と今の学生］ES02,【日本の印象】CS04

(17)と(18)を見ると,〈比較〉という突き上げが行われた話題の内容には,両者の間にあまり差がないように感じられる。どちらも,「上級」のタスクが遂行できるかという共通の目的で行われた突き上げであるので,内容に差が見られないのであろう。

しかし,テスターの〈比較〉という機能の突き上げに応えている被験者の発話を見ると,KYコーパスの字面からでも,かなり大きな差が感じられる。すぐに感じられる大きな差は,発話の長さである。「○○と××はどう違いますか」とテスターが質問した直後の被験者の1発話の文字数(次にテスターがターンをとるまでの文字数)を,読点を除いて数えてみたところ,「上級」13例の平均は81文字,「超級」14例の平均は163文字であった。両者には,ちょうど2倍の差がある。

次に問題になるのは,この2倍の長さの発話の中で,「超級」話者がどのようなことを話しているのかということである。「超級」話者の

発話として典型的であると思われる例を，以下に2つ挙げる。(19)はCS02の［中国の学生と日本の学生］の中の発話，(20)はKS01の［韓国の大学と日本の大学］の中の発話である。「T」はテスターの発話で，「S」が被験者の発話である。なお，「こう」と「っていう」には下線を引いた。

(19) T：あの，今じゃ中国語ー，の先生なさってて，〈はい〉あのーにほんの学生は一生懸命勉強，なさると，ああ，するっておっしゃいましたけども，〈ええ〉あのー，中国ーの学生と比べて，どうでしょうか向こうで日本語を教えていらっしゃいましたよね

S：えーえー，〈ええ〉あ，わたしがあのー中国語を教えている，つまり，〈ええ〉今のせい，いわゆる生徒というか，人はー，〈ええ〉あのー大学生とかー〈ええ〉高校生という人じゃなくてー，〈えーえー〉あのー応みんな<u>こう</u>社会人とかー，〈えーえー〉あるいはまあ家庭主婦とか，〈ええ〉一応目的を持ってー，〈ええ〉あの，<u>こう</u>勉強にー，いらしてる人ですから，〈ええ〉ですから，結構すごく真面目に，〈ええ〉勉強してらっしゃるんですね，〈ええ〉しかし，大学ー生というとにほんの大学生のイメージは，ちょっと中国の，大学生のイメージと違うんですね

(20) T：あーはい，そう，そうですね，全然大学なんか違い，雰囲気違いますか

S：そうですねやっぱり，違いますね，韓国の大学は，まー，韓国の時，わたしはあのー，学部生でしたから，〈はい，うん〉えーと，あのー，友達関係<u>っていう</u>のが，かなり重く見られてる，てたんです〈んー〉けど，日本の場合は，〈んー〉ま，大学院じゃなくて，〈ええ〉学部生を見ると，〈はい〉やっぱり友達関係よりは自分，〈んー〉<u>っていう</u>ものを大事にしているみたいなんですよね，〈あーそうですか〉韓国の時はやはり，友達といて楽しかったという思い出が，

〈んー〉一杯あるんですけど,〈あー〉日本は,まー,わたしが外国人だからかもしれないんですけど,友達がいて楽しい生活がもっと楽しくなる<u>っていう</u>のは,ないんですよね,〈あーそうですか〉はい

　(19)と(20)の共通点は,何かを感じたその時の自分の目線での描写・記述が発話の中に含まれていることである。もう少し抽象的に言うと,何かを感じたその時の状況を,発話の場に持ち込もうとしている「場の二重性」のようなものが感じられるということである。

　一方,「上級」話者の発話には,別の場の状況をありありと描写・記述しようとしているような様子は見受けられない。次の(21)(22)は「上級」話者の発話である。(21)はEA01の[アメリカと京都の交通事情]の中の発話で,(22)はKA01の[韓国と日本]の中の発話である。

(21)　T：そうですね,アメリカと比べてどうですか,交通事情っていうのは
　　　S：そうですね,あのアメリカはあんまりバスとか地下鉄,使わないんです,あの,ふつうは,車を使って,〈ええ〉通いますが,〈へえ〉あの,車なければ,ほとんど生活できませんね,〈ああ〉アメリカで

(22)　T：あの,まあ,こちらでホームステイをなさったみたいなんですけれども,あの確かに儒教,の教えを受けていてね,かなり日本と韓国は似てると思うんですが,日本に来てみて,あのここは日本とは,韓国とは大きく違うなと思ったこととか,ちょっと困ったこととかありましたでしょうか
　　　S：うん,韓国の場合は,〈はい〉敬,敬語の使い方ですね,敬語の使い方が,もちろん日本日本も,西洋,アメリカとかヨーロッパの＊＊と比べると,敬語の使い方が,ものすごく発達しています,でも韓国も同じです,同じですが,違う,ところは,韓国の場合は家の中でも敬語を使っています

　(21)(22)の発話からは,何かを感じた別の場の状況をありありと描写・記述しているような様子は感じとれない。極端に言えば,(21)

(22)の発話内容は，被験者自らが経験して感じとった事柄ではなく，人から聞いたり本で読んだりした内容であるとも解釈できる。しかし，(19)(20)の発話は，被験者自らが別の場で感じとった内容を述べていることがはっきりとわかる表現の仕方になっている。

(17)と(18)の中に，【日本の印象】という両者に共通する話題があるので，その発話を見てみる。(23)は「超級」話者CS04の発話で，(24)は「上級」話者EA02の発話である。

(23)　T：じゃ，1週間だけ，んー，じゃその1週間で見た日本と，自分がまあ，5年なり6年なり住んでみた日本と違いますか
　　　S：そうですね，違うというよりも，なんかだんだん慣れてきて，〈うん〉ですよね，〈今はね〉最初の段階ですと，何でもかんでも新鮮に見えて〈ああはいはい〉てたんですね，へーどうしてこうですか，〈うん，うん〉どうしてあーですか，まあさすが5年でもたったら，〈うん〉あーそれは当たり前日本だから，そういう感じですけどね

(24)　T：で，ああみんな，ああそうですか，〈うん〉あのー2度目，というにほんにほど，2度目っていうことですけども，1度目に来た時と2度目に来た時とーにほんの印象あるいは東京などの印象，違いますか
　　　S：うんー1番最初はー，やっぱり大学院，でー，留学して，〈ええ〉でーあの時はー言葉全然分からなかったから，〈ええ〉うん，，ちょっと不便だったけど，〈ええ〉2回目に来た時もう，日本語，分かってて，〈ええ〉ん，うんどこでも行け，行けたーしー，〈ええ〉うん，慣れてたから，〈ええ〉2回目のほうが，よかったかなーと思って

(23)(24)では，被験者自身の日本に対する第一印象と今の印象の違いについて聞かれているので，どちらも，過去の自分の気持ち，つまり，現在の発話の場から離れた場においての気持ちや感覚に言及している。しかし，同じように過去の自分の気持ち・感覚に言及する場合でも，「超級」話者の方が，よりありありと描写・記述しようとしている

ように感じられるのではないか。

　以上，**6.** では，「超級」話者の発話には，別の場での自らの思考・感覚・観察を，発話の場でありありと再現しようとしている様子が窺えることを見てきた。「こう」「っていう」の用法を直接的に分析したわけではないので，確定的なことを言うことはできないが，別の場での思考・感覚・観察を発話の場に持ち込むことと，「こう」「っていう」の使用とは，何らかの関係があるのではないだろうか。

7. まとめ

　この論文の **2.** から **6.** の分析で明らかになったことは，**1.** の（5）から（7）で述べたとおりである。（5）から（7）を以下に再掲する。

　　（5）　超級話者であることを最も顕著に特徴づける文法形態素は，「こう」と「っていう」である。

　　（6）　OPI における「こう」「っていう」の出現は，突き上げの回数よりも，話題の選択に大きく影響を受ける。

　　（7）　「こう」「っていう」の使用は，別の時点での思考・感覚・観察を，話者が，発話時にありありと再現しようとすることと関係がある可能性がある。

　2. から **6.** の分析を終えて，非常に気になっているのが表 6 である。もし上記の（7）が正しいとすると，「こう」「っていう」は，「超級」に独特の高度なタスク遂行能力を支えるための形態素だということになる。しかし，表 6 を見ると，「こう」と「っていう」の使用状況は，同じ「超級」でも話者によってかなりばらつきがある。はたして「こう」「っていう」の使用は，「超級」話者に必須であるのか否か。

　2. での分析により，この論文では，「こう」「っていう」以外の「思うんです」「けれども」「そういう」「まあ」「んですけ」「んですね」「んですよ」「んですよね」を考察の対象から外してしまったが，もしかしたら「こう」「っていう」のみでなく，このような項目群全体で，（7）のようなタスク遂行能力を支えているのかもしれない。今後，さらに研究を進めていきたい。

調査資料

『KY コーパス』，鎌田修・山内博之，version 1.2，2004．

引用文献

野田尚史（編）（2005）『コミュニケーションのための日本語教育文法』くろしお出版．

山内博之（2004）「語彙習得研究の方法—茶筌と N グラム統計—」『第二言語としての日本語の習得研究』7，pp. 141–162，第二言語習得研究会．

学習者の語彙使用は習熟度を反映しているか
—学習者コーパスの定量的分析—

李　在鎬

1. はじめに

　この論文は，学習者コーパスを定量的に分析することで，語彙使用の傾向と日本語の習熟度の関連を明らかにすることを目的とする。学習者コーパスとして，会話（話し言葉コーパス）と作文（書き言葉コーパス）のデータを使用して，次の調査を行う。話し言葉のデータとして「KYコーパス」，書き言葉のデータとして「日本語教育のためのタスク別書き言葉コーパス」（以下，YNU書き言葉コーパス）の文字化データに含まれている語彙を2つの側面で調べる。1つ目は語彙の難易度，2つ目は語種である。1つ目の語彙の難易度とは，語彙の難しさに関するスケールであり，どのレベルの語彙を，どれだけ使っているかを調べるものである。2つ目の語種とは，単語の系統的分類であり，和語，漢語，外来語，混種語の使用率を調べるものである。

　調査の結果として，次の点を明らかにする。1) KYコーパスでは，初級語彙と中級語彙が習熟度の判別に密接に関連していること，2) YNU書き言葉コーパスでは，初級語彙と中級語彙に加え，上級前半語彙が習熟度の判別に密接に関連していること，3) 習熟度によって和語の使用率に変化が見られたこと。

　以上の調査結果から次の主張を行う。1) 話し言葉と書き言葉の差を習熟度の面から捉えた場合，書き言葉は話し言葉に比べ，複雑な分布を見せること，2) 産出データを見る限り，和語は易しく，漢語が難しい

という単純化は成立しない。

2. 先行研究

本論に入る前に，本研究の位置づけを明らかにするため，日本語教育における語彙研究の流れを3つの側面から確認しておきたい。1つ目は研究目的，2つ目は言語現象，3つ目は研究の方法論で整理する。

まず，研究目的としては2つの方向性が確認できる。1) 習得研究的観点から行われる研究で，学習者の語彙量を測る研究や語の意味がどのように習得されるかなどに注目した研究がある（今井むつみ (1993)，山内博之 (2004)）。2) 指導的観点から行われる研究で，どういう語を教えるべきか，どういう意味が学習者にとって難しいかなどの側面に注目した研究がある（中西泰洋 (2004)，橋本直幸・山内博之 (2008)，Sunakawa et al. (2012)）。2) の指導的観点からの研究では語彙リストという形で研究成果が示されることも多く，本研究が利用した「日本語教育語彙表」もその1つである。

次に，現象面としては3つの領域が存在する。1) 意味の問題を扱う領域として，多義語や類義語などに注目するもの（岡智之 (2007)，森山新 (2012)），2) 習得困難項目を扱う領域として，語彙レベルに注目するものや漢語語彙に注目するものや外来語に注目するものなどがある（加納千恵子 (2010)）。そして，3) 認知処理を扱う領域として，意味処理のメカニズムに注目するもの（大和祐子・玉岡賀津雄 (2011)）が存在する。

最後に，方法論面では実験的手法に基づくものとして，3つのアプローチが存在する。1) 心理実験的手法による研究モデル（松島弘枝 (2013))，2) 言語テストによる研究モデル（庄司恵雄 (2000)，宮岡弥生ほか (2009)），3) コーパスデータの頻度調査による研究モデル（山内博之 (2004)，スルダノヴィッチ，イレーナほか (2009)）が挙げられる。これらのアプローチは，いずれも定量的な分析手法に基づくもので，何らかの統計的なモデルを使い，データに準拠した一般化を行っている。本研究は，3) のコーパスデータの頻度調査による研究モデルを用いて，

現象面では 2) の習得困難項目に注目するものである。

　こうした先行研究は，いずれも学習者の語彙使用と日本語の習熟度の関連を示すものであり，学習者コーパスを使った大規模な調査の必要性を示唆するものである。これを受け，本研究では複数の学習者コーパスの頻度分析をし，「日本語教育語彙表」という大規模な語彙リストに準拠し，語彙難易度や語種と習熟度の関連を調査することにした。

3. データと方法
3.1　コーパス

　本研究では，調査の基礎資料として 2 つのコーパスを使用した。話し言葉を代表するものとして KY コーパス，書き言葉を代表するものとして YNU 書き言葉コーパスを利用した。

　まず，KY コーパスは，1996 年から 1998 年にかけて行われた科研プロジェクト「第 2 言語としての日本語の習得に関する総合研究」の成果として公開された話し言葉の学習者コーパスであり，日本における電子的学習者コーパスの元祖的存在と言える。KY コーパスの最大の特徴は，外国語学習者のための口頭能力試験（Oral Proficiency Interview）に準拠したデータであること，均衡性を考慮した学習者コーパスであることが挙げられる。コーパス全体の収録データは，90 名分であるが，母語と日本語能力による構成は次のとおりである。まず，母語では韓国語話者 30 名，英語話者 30 名，中国語話者 30 名が入っている。次に，日本語能力によって各母語話者 30 名は初級 5 名，中級 10 名，上級 10 名，超級 5 名ずつ入る構成になっている（KY コーパスの詳細および入手方法については，http://www.opi.jp/shiryo/ky_corp.html（2019.3. 閲覧）を確認すること）。

　次に，YNU 書き言葉コーパスは，大学生の日常における「書く」という言語活動に注目した，日本人大学生（30 名）と留学生（韓国語母語話者 30 名，中国語母語話者 30 名）による 12 のタスクの書き言葉の資料であり，合計 1,080 編（母語別各グループ 360 編ずつ）である（金澤裕之（編）（2014））。YNU 書き言葉コーパスは，KY コーパスが会話の

形で行っているロールプレイなどのタスクベースの活動を書き言葉コーパスとして実現しているので，KY コーパスの書き言葉版的なコーパスと言える。すべての作文には，日本語教師による「上位」，「中位」，「下位」の判定情報がついている。そのため，言語達成度と実際の産出の関係を考察する上で，有効なデータになっている。

3.2　分析データ

　KY コーパスと YNU 書き言葉コーパスは書き言葉と話し言葉であるというモードの差のみならず，データサイズや母語の種類やデータ収集の方法などのコーパス設計において大きな違いがある。これを踏まえ，2 つのコーパスデータを合算したり，直接比較したりする方法は行わず，それぞれのコーパスの中での相対的な使用傾向を分析することにした。そして，可能な限り条件をそろえるべく，データの選別と加工作業を行った。そして，頻度調査においては相対頻度として集計を行った。

　まず，データの選別作業では，KY コーパスと YNU 書き言葉コーパスのいずれも 3 レベルのデータを利用することにした。KY コーパスは，初級，中級，上級，YNU 書き言葉コーパスは，下位，中位，上位のデータを使用することにした。次に，母語については，KY コーパスの場合，「韓国語，中国語，英語」の 3 種類すべてを利用する。YNU 書き言葉コーパスの場合，「韓国語，中国語，日本語」の 3 種類があるが，日本語母語話者のデータは使わず，「韓国語，中国語」のデータのみを利用した。なお，YNU 書き言葉コーパスには，タスクの長さに関する 2 つの基準が用意されている。ある程度の長さを要求する「長さ A」タイプのタスクと比較的短い文章でタスクが完結する「長さ B」タイプのタスクである。本研究が想定する調査のためには，一定量の長さが必要なため，「長さ A」タイプの「タスク 4，タスク 5，タスク 6，タスク 10，タスク 11，タスク 12」のデータを利用した。以上の方法で，KY コーパスと YNU 書き言葉コーパスの条件を可能な限りそろえた。

　次に，データの処理作業では，形態素解析システム「MeCab」と解析辞書「UniDic」を使ってすべてのデータを形態素解析した。

表1 分析データの延べ語数

コーパス	初級（下位）	中級（中位）	上級（上位）	総計
KYコーパス	13,128	71,365	104,929	189,422
YNU書き言葉コーパス	28,164	35,189	38,593	101,946
総計	41,292	106,554	143,522	291,368

単位：形態素

　表1は，UniDicの短単位に準拠して算出したものである。KYコーパスでは，初級から上級で約19万形態素，YNU書き言葉コーパスでは，下位から上位で約10万形態素の規模である。なお，表1では便宜上KYコーパスのレベルとYNU書き言葉コーパスのレベルを併記しているが，両者のレベル分けは同じ構成概念に基づくものでないため，等価ではない。しかし，コーパス内での（習熟度の差としての）ある程度の等間隔性は確保されていると考えられるため，比較可能と判断した。

　さて，分析データとなる集計表の作成は，2つの観点で行った。1つ目に「日本語教育語彙表」の語彙難易度に基づく集計，2つ目に語種別の使用頻度である。

　1つ目の集計で使用した「日本語教育語彙表」（http://jhlee.sakura.ne.jp/JEV.html, 2019.3閲覧）とは，日本語教育用の辞書開発を支援する目的で構築した語彙リストで，約1万8千語の見出し語で構成されている。すべての見出し語に対しては6段階の難易度「初級前半，初級後半，中級前半，中級後半，上級前半，上級後半」が付与されている。KYコーパスでは発話者単位，YNU書き言葉コーパスでは作品単位で，延べ語数に対する各語彙難易度の出現比率を計算した。分析においては，コーパスのサイズが違うことを考慮し，出現頻度ではなく，出現比率をもとに調査を行った。

　2つ目の語種別集計は，形態素解析によって出力される語種の情報を集計し，出現比率を計算した。語種に関する調査を行った背景としては，次の点が挙げられる。日本語には文字体系に連動する形で，複数の語種が存在する。これは日本語の類型的な特徴であると同時に日本語学習においても何らかの影響を与えていると考えられる。とりわけ，カタ

カナ語彙や漢字語彙に関する習得の難しさは 2. で紹介した多くの先行研究が指摘していることであり，習熟度においても何らかの差が見られるのではないかと予測される。

3.3　分析の方法

本節では，データ分析の方法について述べる。本研究では，分散分析と重回帰分析を行った。なお，すべての分析は，「IBM SPSS Statistics」（Ver.22）を使って行った。

まず，分散分析とは，グループにおける平均の差を検定する推測統計の方法である。2つのグループの場合は，t 検定を使うが，3つまたはそれ以上のグループの場合は分散分析を使用する。分散分析を行うことで，グループ（従属変数）における属性（独立変数）値の平均の差が意味のある差であるかどうかを調べることができる。本研究では，習熟度を従属変数に，語彙の産出比率を独立変数に設定し，出現比率の平均の差に統計的な意味があるかどうかを調べた。

次に，回帰分析とは，変数間の関係を調べる統計的な方法論の1つである。変数間の関係を調べる方法としては，相関分析も広く使われているが，相関分析と回帰分析は結果の意味するところが異なる。例えば，身長と体重で関係があるかどうかを調べるだけであるなら，相関分析を行えば，どの程度関係があるか（相関係数を確認することで）調べられる。相関分析は，全体的な関連を1つの値で示すことができるという意味では非常に便利ではあるが，相関分析の場合，2つの変数の増減には関連があるということ以上は言えない。しかし，回帰分析を行った場合，一方の変数の値でもって，もう一方の変数の値を予測することができる。例えば，私たちは身長と体重の間には何らかの因果関係が存在することを知っている。というのも，身長が高ければ，それに応じて体重も重くなるという事実を経験的に知っているからである。この身長と体重の関係を実データに基づいて統計分析すれば，身長と体重の関係性を1次方程式（$Y = aX + b$）で表せるというのが回帰分析の考え方である。本研究では，語彙産出比率が習熟度をどこまで予測し，説明でき

るかを調べるために回帰分析を使用する。

4. 結果
4.1 語彙の難易度に関する調査結果

　分散分析の結果を報告する。まず，KYコーパスでは初級前半，初級後半，中級前半，中級後半の語彙の使用率に関して有意差が認められた。

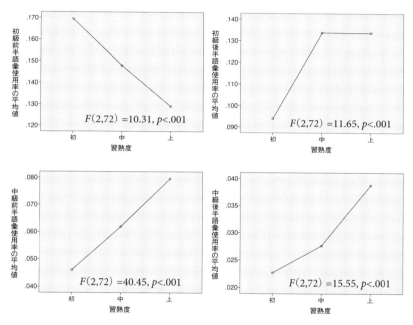

図1　KYコーパスの語彙レベルに関する分散分析の結果

　図1で注目すべきこととして，初級レベルでは初級前半語彙以外の語彙レベルに関しては低くなっていること，中級レベルは，初級と上級の中間的分布になっていること，上級レベルは，中級前半語彙と中級後半語彙に関して高くなっていることが挙げられる。特に，中級前半語彙と中級後半語彙に関しては分散比を示すF値が非常に高いことからも習熟度によって出現頻度が異なることが明らかになった。初級から中

級,上級に進むにつれ,使用頻度が高くなっていることが確認できる。

次に,YNU書き言葉コーパスでは初級前半,初級後半,中級前半,中級後半,上級前半の語彙の使用率に関して,有意差が認められた。

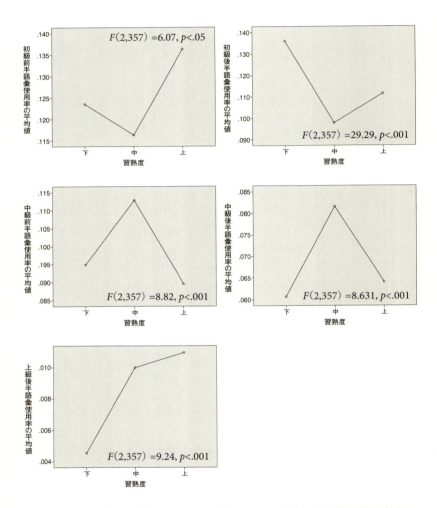

図2　YNU書き言葉コーパスの語彙レベルに関する分散分析の結果

図2で注目すべきは,KYコーパスのように習熟度が上がるにつれ,

一貫して増えていく,あるいは,減っていくというパターンではない点である。いわゆる V 字型ないしは逆 V 字型の分布を見せており,語彙難易度が上がれば,習熟度が上がるといった単純な分布ではないことが分かる。ただ,レベル別の傾向に注目すると,下位グループでは初級後半の語彙の使用率が高く,中位グループでは中級前半の語彙と中級後半の語彙の使用率が高くなっていることが確認できる。そして,上位グループでは上級前半の語彙の使用率が高くなっている。これは,語彙の難易度と習熟度がほぼ一対一で対応していることになる。つまり,下位グループの作文には初級後半の語彙が,中位グループの作文には,中級(前半・後半)の語彙が,上位グループの作文には上級前半の語彙が多くを占めており,作文の達成度を示す「下位・中位・上位」と語彙の難易度を示す「初級・中級・上級」が重なりを見せていることが明らかになった。

4.2　語彙の外的属性に関する調査結果

次に,語種に関する調査結果を報告する。まず,KY コーパスにおいては,和語と外来語において有意差が認められた。

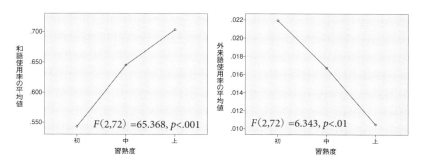

図 3　KY コーパスの語種に関する分散分析の結果

図 3 のとおり,KY コーパスでは習熟度レベルが上がるにつれ,和語の比率が上がっていく傾向が見られ,外来語については下がっていく傾

向が確認される。

　YNU書き言葉コーパスにおいては，和語，漢語，外来語において有意差が認められた。

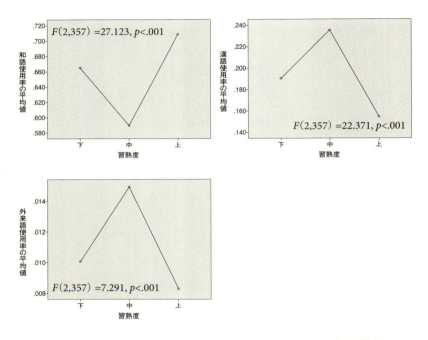

図4　YNU書き言葉コーパスの語種に関する分散分析の結果

　図4の結果を習熟度別に解釈すると和語に関しては「中位」「下位」「上位」の順で使用率が高くなっているが，漢語と外来語に関しては「上位」「下位」「中位」の順で使用率が高くなっている。

　以上の分布傾向をまとめると，KYコーパスの場合，習熟度が上がるにつれ，一貫して増えたり，一貫して減ったりするという傾向が見られたのに対して，YNU書き言葉コーパスの場合，V字型または逆V字型の分布を見せており，より複雑な分布になっていると言える。

4.3　回帰分析の結果

　回帰分析では，従属変数として習熟度を，独立変数として語彙難易度の比率と語種の比率を入れて分析した。この分析は，語彙難易度と語種のどちらがより習熟度と強く関連しているか，語彙の情報から習熟度を予測するモデルを作った場合，どの程度，妥当なモデルが得られるかを調べるために行った。

　回帰分析は，ステップワイズ法を使って行った。結果は次のとおりである。まず，KYコーパスの場合，「和語率，中級前半語彙率，中級後半語彙率」の組み合わせでもっとも正確な予測モデルが構築できた。なお，回帰式としては，次のものが得られた。「習熟度 =（和語率 × 3.107）+（中級前半語彙率 × 14.456）+（中級後半語彙率 × 9.889）−2.188」(R^2=.782)。この公式が意味するものは，学習者の発話データに対する和語の使用率に 3.107 をかけ，中級前半語彙の使用率に 14.456 をかけ，中級後半語彙の使用率に 9.889 をかけた値から 2.188 を引けば，習熟度が求められるというものであり，語彙情報から習熟度を測る場合，78.2％は予測が可能であるという意味である。すなわち 100 名のデータに対して，78 名はあてられるモデルであるという意味である。

　次に，YNU書き言葉コーパスの場合，「和語率，初級後半語彙率，上級前半語彙率」の組み合わせでもっとも正確な予測モデルが構築できた。なお，回帰式としては，次のものが得られた。「習熟度 =（和語率 × 2.222）+（初級後半語彙率 × −13.707）+（上級前半語彙率 × 17.201）+ 1.009」(R^2=.329)。YNU書き言葉コーパスの場合，R^2 の決定係数を見ると，0.329 であり，KY コーパスの 0.782 に比べ，非常に低い値を示しており，回帰モデルとしては予測力が低いものになっている。

　KYコーパスとYNU書き言葉コーパスの決定係数の差は，次のように考えられる。KYコーパスについては，4.1 の結果からも分かるように測定変数の使用率が習熟度に比例して線形的に増えていく構造が確認できる。しかし，YNU書き言葉コーパスについてはV字型もしくは逆V字型の分布を見せており，線形的なモデル，すなわちX軸の値が増えれば，Y軸の値も増える，あるいはX軸の値が減れば，Y軸の値も

減るというモデルでは捉えられないということが関係している。

5. 考察

次の2点に論点をしぼって考察を行う。1つ目は,「難しい語彙が使えると習熟度が高い」という日本語教師の直観に対して,本研究のデータは何を示唆するのか,2つ目は,語種との対応で,和語より難しいと考えられている漢語を,たくさん使うことが習熟度の判別にどのような影響を与えているかについて考察する。

5.1 語彙難易度と習熟度について

「作る」と「作成する」は類義語の関係にあるが,多くの日本語教材において「作成する」より「作る」を先に導入する。教材作成者の多くにとって,「作成する」より「作る」のほうがよく使われ,導入しやすい語であるという直観が働くからであろう。なお,旧日本語能力試験の『出題基準』の語彙表であれば,「作る」は4級語彙,「作成」は2級語彙になっている。また,「日本語教育語彙表」においても,「作る」は初級前半語彙,「作成」は中級後半語彙として分類されている。このように語の理解には何らかの難易度が伴っており,おそらく習得の順序においても難易度が関係していると考えられる。

本研究の **4.** の調査結果は,何を示唆しているのだろうか。まず,話し言葉であるKYコーパスと書き言葉であるYNU書き言葉コーパスで共通する傾向として言えるのは,初級語彙と中級語彙に関して何らかの差があるということである。上級語彙に関しては,書き言葉においては上級前半語彙による差が見られるものの,話し言葉においては,そのような差は見られない。さらに,上級後半語彙においては,書き言葉と話し言葉のいずれにおいても差が見られない。その理由として,上級後半語彙は,日本語全体における使用度として低頻度語であることが考えられる。このことを示すものとして,表2がある。

表2　上級語彙の平均使用率

	コーパス	初級 (下位)	中級 (中位)	上級 (上位)
上級前半語彙	KY コーパス	4.73	10.86	25.03
	YNU 書き言葉コーパス	1.74	3.28	4.27
上級後半語彙	KY コーパス	0.26	1.60	1.36
	YNU 書き言葉コーパス	0.10	0.22	0.26

単位：回

　表2では，上級前半語彙と上級後半語彙の実際の使用頻度の平均値を調べたものである。上級前半語彙についてはKYコーパスでは，話者1人あたり平均5回から25回ほど，レベルが上がるごとに使用頻度も増えているが，YNU書き言葉コーパスでは，どのレベルにおいても1作品あたり5回未満である。さらに，上級後半語彙は，KYコーパスでも0回か1回であり，YNU書き言葉コーパスでは，0回に近い使用状況である。

　次に，初級語彙と中級語彙について述べると，差異の中身に関して大きな相違点が存在する。まず，KYコーパスでは，いわゆる基本語に相当する初級前半語彙に注目すると，習熟度レベルが上がるにつれ，減少傾向にあることが確認できる。次に，中級語彙に注目すると，習熟度レベルが上がるにつれ，増加傾向にあることが確認できる。最後に，初級後半語彙に注目すると，中級レベルと上級レベルには差がないことから，初級後半語彙は，初級と中級をつなぐ性質を持っていることが確認できる。

　以上の事実を総合すると，いわゆる習熟度と語彙レベルの対応で言えば，中級前半語彙と中級後半語彙の使用率が習熟度全体の判断において重要な機能を果たしていると捉えられる。このことは，回帰分析において「中級前半語彙の使用率，中級後半語彙の使用率」のみが選択されたという事実と突き合わせてみても矛盾がない。

　書き言葉においては，基本的にはそのレベルの語彙が使われているかどうかがポイントになり，すべてのレベルにおいて一貫して上昇したり

減少したりするという一般化はできない。4.1 の結果から，下位に関しては初級後半語彙が，中位に関しては中級前半語彙と中級後半語彙が，上位に関しては上級前半語彙の使用率が有意に多いことが明らかになった。

　最後に，母語による差の有無を調べる必要があると判断し，母語を従属変数に，語彙難易度の含有率を独立変数にして分散分析を行ってみた。KY コーパスにおいて初級前半の語彙のみ有意差が認められた（$F(2,72)=5.744, p<.01$）。これは，中国語母語話者と英語母語話者が 13％の使用率であるのに対して，韓国語母語話者が 16％の使用率を見せていたことが原因である。初級前半語彙の使用率以外のものについては，統計的な有意差は認められなかった。以上の結果から，初級前半語彙の一部においては母語のバイアスが関係しているが，それ以外のところについては，母語による差ではなく，習熟度による差であると言える。

5.2　語種と習熟度について

　日本語においては，和語，漢語，外来語，混種語の 4 つの語種が使用されており，漢語は概念，和語は関係，外来語は具体物を表すものが多いという一般化がなされている（Kaiser et al.（2001））。このことは，日本語教育における習熟度の問題とも深く関連している。具体例を示す。

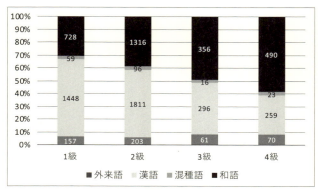

図 5　『出題基準』語彙表の級別の語種分布図

図5は，旧日本語能力試験における『出題基準』の語彙表に対して級別に語種の比率を調べたものである。図5において注目すべきは，外来語や混種語に関してはほとんど比率が変わらないのに対して，漢語と和語には一貫した推移が見られることである。つまり，和語の比率はレベルが上がるにつれ，減る傾向にあるのに対して，漢語の比率はレベルが上がるにつれ，増えている。例えば4級の場合，漢語259語に対して和語は490語とほぼ2倍であるが，1級の場合，漢語1,448語に対して和語は728語とほぼ半分の割合になっている。

さて，本研究で行った調査で言えば，KYコーパスとYNU書き言葉コーパスに共通する傾向として，和語と外来語の使用率に差が存在するということである。また，差のあり方に関しても同じ対称的パターンを示している。つまり，KYコーパスでは，初級から上級に行くにつれ，和語は増加傾向に，外来語は減少傾向にあるという意味で対称的である。

一方，YNU書き言葉コーパスでは，和語で初級，中級，上級でV字型であるのに対して，外来語と漢語は逆V字型になっているという意味で対称的である。ただ，対称性そのものは，比率データに基づくものであるため，それほど重要な意味を持つものではない。一方，共通する傾向として，和語の使用率に関してKYコーパスとYNU書き言葉コーパスのどちらでも初級（下位）に比べ，上級（上位）において有意に高いという事実がある。これは，図5から予想される事実と矛盾する。つまり図5からは，和語とは易しい語彙であり，低いレベルの学習者において多く使われ，高いレベルの学習者においてあまり使われないと予測されるが，KYコーパスとYNU書き言葉コーパスのいずれにおいても，この予測が支持されない。また，YNU書き言葉コーパスにおいては，下位から上位にいたる漢語の比率が逆V字型になっており，一度上がってから，また下がるという分布を示している。ということは，これまでの和語は易しい語彙，漢語は難しい語彙という一般化は，実際の言語産出を見る限り，必ずしも成立しない可能性が出てくる。

ただ，和語や漢語の難易度をめぐる問題については別の仮説として，和語は延べ語数が増えたことによるものとも考えられる。すなわち，日

本語の語彙には，和語がもっとも多いため，習熟度の上昇により，延べ語数が増え，そして，結果として和語の使用率が上昇した可能性も否定できない。しかし，YNU 書き言葉コーパスでは，初級のほうが中級より延べ語数は少ないにも関わらず，和語の比率が高いという事実が説明できない。YNU 書き言葉コーパスの和語の使用比率において中級のほうが初級よりも少ないという事実は，別のデータによる検証が必要と思われる。

最後に，5.1 と同様，語種についても母語の影響が考えられるため，母語を従属変数にして分散分析を行ってみた。結論としては，いずれの語種においても，母語による有意差は確認されなかった。

6. まとめ

この論文では，語彙の難易度や語種が習熟度にどのように関係しているかを調べるべく，話し言葉データの KY コーパスと書き言葉データの YNU 書き言葉コーパスを対象に調査を行った。KY コーパスに関しては，初級，中級，上級のレベルの差を説明する要因として中級前半語彙と中級後半語彙の使用率にもっとも顕著な違いが見られた。分散分析と回帰分析のいずれの結果からも中級語彙の使用率が習熟度と強い因果関係を持つことが明らかになっている。一方，YNU 書き言葉コーパスに関しては，下位，中位，上位のレベルの差を説明する要因は複雑であり，下位では初級後半語彙の使用率，中位では中級前半語彙と中級後半語彙の使用率，上位では上級前半語彙の使用率が顕著に高くなっている。

次に語種に関する調査結果として，習熟度が上がっていくにつれ，難しい語彙が多いと予測される漢語の使用率に関してははっきりとした変化は見られず，むしろ和語の使用率に関して高くなる傾向が部分的に観察される。とりわけ，KY コーパスにおいては，習熟度が上がるにつれ，和語の使用率は明らかに上昇していた。このことは，和語は上級（上位）レベルの学習者がよく使う語彙であり，「和語＝易しい語彙」「漢語＝難しい語彙」という単純化は成立しない可能性が出てきた。ただ，これについては，他のデータによる再検証も含め，より丁寧な考察が必要な部

分であると考えられるため，今後の課題としたい。

調査資料

『KY コーパス』，鎌田修・山内博之，version 1.2，2004.
『日本語教育のためのタスク別書き言葉コーパス』，金澤裕之（編），2014.
『日本語教育語彙表』，砂川有里子・李在鎬，version 1，2014.
『日本語能力試験出題基準』，国際交流基金・日本国際教育協会，2004.

引用文献

今井むつみ（1993）「外国語学習者の語彙学習における問題点―意味表象の見地から―」『教育心理学研究』41，pp. 243–253，日本教育心理学会.
岡智之（2007）「日本語教育への認知言語学の応用―多義語，特に格助詞を中心に―」『東京学芸大学紀要 総合教育科学系』58，pp. 467–481，東京学芸大学.
金澤裕之（編）（2014）『日本語教育のためのタスク別書き言葉コーパス』ひつじ書房.
加納千恵子（2010）「日本語の漢字・漢字語彙教育研究の課題」，砂川有里子・加納千恵子・一二三朋子・小野正樹（編）『日本語教育研究への招待』pp. 43–64，くろしお出版.
庄司惠雄（2000）「日本語初級者の語彙構築の傾向について―モノローグ・テストにおける産出語彙量拡大の追跡調査―」『小出記念日本語教育研究会論文集』8，pp. 129–134，小出記念日本語教育研究会.
スルダノヴィッチ，イレーナ・ベケシュ，アンドレイ・仁科喜久子（2009）「コーパスに基づいた語彙シラバス作成に向けて―推量的副詞と文末モダリティの共起を中心にして―」『日本語教育』142，pp. 69–79，日本語教育学会.
中西泰洋（2004）「日本語の表現語彙リストについて」『神戸大学留学生センター紀要』10，pp. 73–84，神戸大学留学生センター.
橋本直幸・山内博之（2008）「特集・語彙の研究と教育―日本語教育のための語彙リストの作成―」『日本語学』27-10，pp. 50–58，明治書院.
松島弘枝（2013）「漢字と語彙の習熟度が異なる韓国人日本語学習者における日本語漢字単語の処理過程―2 字単語の形態・音韻類似性を操作した読み上げ課題による検討―」『広島大学大学院教育学研究科紀要第 2 部文化教育開発関連領域』62，pp. 281–290，広島大学大学院教育学研究科.
宮岡弥生・玉岡賀津雄・林炫情・池映任（2009）「韓国語を母語とする日本語学習者による漢字の書き取りに関する研究―学習者の語彙力と漢字が含まれる単語の使用頻度の影響―」『日本語科学』25，pp. 119–130，国立国語研究所.
森山新（2012）『日本語多義語学習辞典 動詞編』アルク.

山内博之（2004）「語彙習得研究の方法―茶筌とNグラム統計―」『第二言語としての日本語の習得研究』7，pp. 141-162，第二言語習得研究会．

大和祐子・玉岡賀津雄（2011）「日本語テキストのオンライン読みにおける漢字表記語と片仮名表記語の処理―中国人日本語学習者の語彙能力上位群と下位群の比較―」『小出記念日本語教育研究会論文集』19，pp. 73-89，小出記念日本語教育研究会．

Kaiser, Stephan et al. (2001) *Japanese: A Comprehensive Grammar*. London and New York: Routledge.

Sunakawa, Yuriko et al. (2012) The construction of a database to support the compilation of Japanese learners dictionaries. *Acta Linguistica Asiatica* 2-2. pp. 97-115.

第3部 学習者コーパスによる文法研究

気づきやすいコロケーション・
気づきにくいコロケーション
―母語話者と学習者の書き言葉コーパスの比較から―

中俣　尚己

1. はじめに

　この論文ではコーパスを用いた日本語教育研究の中でコロケーション，特に学習者のコロケーションに注目する重要性を主張し，またその中でも気づきやすいコロケーションと気づきにくいコロケーションがあることを述べる。

　言語教育においてコロケーションの重要性は，教師・学習者ともに痛感していると思われる。Lewis (2000) は語の意味を知っただけではその語が使えるようにはならず，どのような語とともに使われるのかを知らなければならないと述べている。

　一般にコロケーションとは「嘘をつく」（名詞＋動詞）や「可能性が高い」（名詞＋形容詞）のように実質語と実質語の関係を指すことが多いが，中俣尚己（2011）がアスペクト形式の「てある」が圧倒的に「書く」に偏っていることを示した通り，機能語と実質語のコロケーションも非常に重要であると考えられる。そういった研究を推し進める目的もあり，筆者は『日本語教育のための文法コロケーションハンドブック』（中俣尚己（2014））を著した。これは，大規模な母語話者の書き言葉コーパスである「現代日本語書き言葉均衡コーパス」（以下 BCCWJ）を用いて機能語と実質語のコロケーションをまとめたものである。しかし，このハンドブックは母語話者のデータをまとめただけであり，学習者コーパスとの比較は行っていない。コロケーションに関する習得上の

困難点はどのような類のものかを明らかにする研究が必要である。

そこでこの論文では，中俣尚己 (2014) を活用し，機能語のコロケーションという観点から母語話者の書き言葉コーパスと学習者の書き言葉コーパスの比較を行う。「ある機能語はこれらの動詞とよく共起する」という明示的な手がかりのある気づきやすいコロケーションは習得しやすいが，「ある機能語はこれらの節で用いられる」という明示的な手がかりのない気づきにくいコロケーションは習得しにくいという仮説を立て，検証する。

以下，**2.** でコロケーションの定義を確認し，先行研究をまとめる。**3.** ではこれまでの研究から仮説を提案する。**4.** では「たことがある／たことがない」，**5.** では「てみる」についてケーススタディを行う。**6.** では仮説を検証する。**7.** はまとめである。

2. 先行研究
2.1 コロケーションの定義と分類

コロケーションに関する定義は厳密なものというよりは緩やかなものであることが多く，それはおそらくそのほうが言語教育を考える上で有益であるからであると考えられる。定義上コロケーションではないから学習者に提示しないというよりも，学習者に提示すべき有意な組み合わせをすべてコロケーションとして認定するほうが建設的な態度と言える。コーパス言語学の教科書である McEnery and Hardie (2012) では「緩やかに結びついた潜在的な共起パタン」(p. 183) とされ，同書の用語集では「2 語間の共起関係。一方の語が，他方の語が存在しない時よりも存在する時に生起しやすい場合，2 語が共起している (collocate) と言う。」(pp. 357–358) とされている。この論文でもこのような緩やかな定義を採用する。

次に問題となるのはどのような語を対象とするかである。村木新次郎 (2007) は機能語をコロケーションの対象から外すことを主張しているが，野田尚史 (2007) は「つかむ」と「た」のような述語成分内部のコロケーションも研究対象に含めており，対立している。しかし，実際に

コーパスのデータを眺めると機能語にもコロケーションの偏りが見られることがしばしばあり，例えば「てある」の50％が「書いてある」であるという偏り（中俣尚己（2011））は教育上無視できない。言語教育を視野にいれる以上，機能語と実質語のコロケーションの研究は必須である。先述のMcEnery and Hardie（2012）も機能語をコロケーションから外すといったことはしていない。この論文では機能語のコロケーションを中心に考察を行う。

　また，コロケーションの概念は厳密な語と語の関係から拡張されることもあり，この論文でも拡張されたコロケーションを対象とする。Stubbs（2002）は広義のコロケーションとして，以下の4種を分類している。具体例は石川慎一郎（2006）によった。

（1）　コロケーション（collocation）
　　　little + girl， pretty + girl のような個別的な語と語の組み合わせを指す。
（2）　文法的共起結合（colligation）
　　　a + 形容詞 + girl のように品詞的な範疇と特定の語の共起関係を指す。McEnery and Hardie（2012）には made は had, have, been などの法助動詞とよく共起するという例が紹介されている。
（3）　意味的選好性（semantic preference）
　　　girl の前に出現する形容詞を集計すると，「小ささ・幼さ・無力さ・容姿の良さ」に関する形容詞が多いことがわかる。こうした共通の意味を持つ語群と特定の語の関係を指す。
（4）　意味的韻律（semantic prosody）
　　　例えば girl という語を成人女性に対して使った場合，そこには対象を社会的地位・権力・重要性・能力の点で劣るものとみなす話者の態度が隠れていることが多い。このような態度と語の関係を指す。

　この論文では（1）は語と語という具体的な手がかりがあるので，「気づきやすいコロケーション」ということになる。他方，（2）〜（4）は

程度の差はあるが，特定の語との結びつきではないので，「気づきにくいコロケーション」ということになる。その中でもこの論文で扱うのは主に構造にかかわるもので（2）の文法的共起結合に近いが，品詞情報だけではなく，この機能語は過去テンスで使われることが多い，この機能語は主節末で使われることが多いといった偏りもここに含める。

2.2 学習者とコロケーション

コーパスを使ってコロケーションを調査した先行研究は多いが，その多くが「V1-通す」（杉村泰（2012））や「V1-通る」（杉村泰（2013））といった複合動詞を扱ったものか，「呼ぶ」と「招く」（鈴木智美（2009））や「永久」と「永遠」（川崎加奈子（2011））といった類義語のコロケーションを比較したものである。一方，機能語の研究においても，受身文の多くが伝達動詞であることを指摘した田中道治（2005），繰り返しの「AテモBテモ」構文に出現する動詞の組み合わせを調査した清水由貴子（2010）など，実質語との組み合わせを見る研究が増えてきている。

学習者が使用するコロケーションに注目した研究も，学習者コーパスの整備に従って少しずつ増えてきた。学習者の作文に多く出現するコロケーションを調査した研究としては田中道治（2012），上宮真理子ほか（2012）が挙げられる。また，劉瑞利（2017, 2018）では「YNU書き言葉コーパス」に出現したコロケーションを分析し，上級学習者にとってコロケーションの習得は難しいこと，学習者がよく使用するコロケーションは一部母語話者と異なり，学習者の母語の影響も考えられることを明らかにしている。しかし，これらの研究では機能語には注目していない。

筆者はこれまで学習者コーパスに出現するコロケーションに対して正面から取り組んだことはない。しかし，これまでのコーパスを利用した研究の中で，断片的に学習者のコロケーション情報にふれた箇所があり，それをここで紹介したい。

中俣尚己（2010a）は並列を表す「たり」について，母語話者は話し言葉でも書き言葉でも「〜たり〜たりする」という形を使うことはほとんどないが，学習者のデータではどのような場合でも「〜たり〜たりす

る」という形が圧倒的に多かったことを報告している。これは母語話者と学習者で選好する構造に違いがあるということを意味している。また，中俣尚己（2010b, 2013）では学習者は「〜も」という形は容易に習得できても，「〜も〜も」のように「も」を重ねて使う用法が容易に習得できず，誤用が多いことを示している。「〜も〜も」という繰り返しも一種の構造的なコロケーションであると言える。他方，翻訳テストにおいて，「父も母も」という固定的な組み合わせに関しては他の項目よりもよく「〜も〜も」という形式が産出されたことも報告している。つまり，特定の実質語とのコロケーションに関しては習得が進んでいると言える。さらに，中俣尚己（2011）では，母語話者の書き言葉・話し言葉コーパスに出現する「てある」の多くは「書いてある」であったが，学習者の会話・作文コーパスに出現した「てある」についてもほぼ母語話者と同じ割合で「書いてある」であった。頻度の高い特定の語とのコロケーションはそのまま学習者に習得されると言える。

3. リサーチ・クエスチョン

この論文では以下の（5）のリサーチ・クエスチョンを明らかにする。

(5) a. 機能語と特定の語のコロケーションは，学習者にとって気づきやすいため，学習者は母語話者と同じような組み合わせを選好する。

b. 機能語と特定の語ではない構造とのコロケーションは，学習者にとって気づきにくいため，学習者は母語話者と異なる組み合わせを選好する。

以上のリサーチ・クエスチョンについて，中俣尚己（2014）で偏りの見られた「たことがある／たことがない」「てみる」に関するコーパス調査を通じて検証していく。

4. 「たことがある／たことがない」のケーススタディ

この節では経験を表す「たことがある／たことがない」のコロケーションについて分析する。「たこともある」のような助詞のバリエー

ションや「たことはありません」のような否定形も含める。ただし，「たことがない」の用例は特に学習者コーパスにおいては少なかった。よって，母語話者コーパスの分析では主に「たことがある」のみを分析し，学習者コーパスの分析では「たことがある／たことがない」を一括して分析する。

コロケーション分析としては中俣尚己（2014）にならい，前接動詞と後接形式（文内の位置）に着目する。前者はすべて語と語のコロケーションになるので気づきやすいが，後者は気づきやすいものも気づきにくいものもある。

4.1 母語話者の書き言葉コーパスに出現した「たことがある／たことがない」

母語話者のデータとしてはBCCWJを用い，検索アプリケーション「中納言」を利用して検索した。以下の「」内はすべて語彙素（＝代表形）を検索条件とした。

検索モードは長単位モードで，以下の2つの検索条件を併用した。

　　検索条件1：キー＝動詞　後方1語＝「た」
　　　　　　　　後方2語＝「ことがある」
　　検索条件2：キー＝動詞　後方1語＝「た」
　　　　　　　　後方2語＝「事」　後方4語以内＝「有る」

この2つの条件は排他的であり，これで漏れなく「たことがある」をカバーできる。全部で11,437例を採集した。

まず，「たことがある」の前接動詞のうち，頻度が多い上位10語を表1（次ページ）に示す。

「聞く」と「見る」の割合が非常に高く，この両者で全体の約1/4を占めることが特徴である。また，「読む」と「会う」はBCCWJ全体における動詞単独の順位はそれぞれ51位，66位とそこまで高くはないが，「たことがある」の前という環境においてはそれぞれ8位と10位である。つまり，「たことがある」との結びつきが強い動詞であるということができる。これら4つの動詞は情報の入手にかかわる動詞とまとめ

られる。経験には様々なものが含まれるが、実際には「〜という情報を知っています」ということを伝える時に「たことがある」が使われると言える。

表1 BCCWJの「たことがある」の前接動詞

動詞	出現数	割合	BCCWJ全体順位	MIスコア
聞く	1,690	14.8%	17	7.65
見る	1,137	9.9%	6	5.77
する	763	6.7%	1	3.16
行く	483	4.2%	8	4.85
なる	316	2.8%	2	2.28
思う	218	1.9%	5	2.87
来る	210	1.8%	7	3.46
読む	208	1.8%	51	6.31
言う	205	1.8%	4	1.90
会う	201	1.8%	66	6.54

なお、BCCWJにおける順位は国立国語研究所が公開している『現代日本語書き言葉均衡コーパス』長単位語彙表によった。また、表の右端にはコロケーションの結びつきの強さを表すMIスコアの値も示した。MIスコアは一般に3以上で有意な結びつきであるとされる（石川慎一郎（2012））。このような大規模なデータに対しても同様に判断してよいかは定かではないが、相対的な大小は読み取れるはずである。

次に、後接形式のいくつかのパタンを調査した結果を表2に示す。

表2 BCCWJの「たことがある」の後接形式

コロケーション	出現数	割合
連体修飾節（たことがある＋名詞）	1,486	13.0%
疑問文	1,501	13.1%
言い切り・ル形（たことがある。／たことがあります。）	2,770	24.2%
言い切り・タ形（たことがあった。／たことがありました。）	731	6.4%

「たことがある」＋名詞（連体修飾節），「たことがある」＋疑問文に関してはそれぞれ条件を指定して中納言で新たに検索を行った。一方，「たことがある。」などの言い切りの形に関しては，意味的なコロケーションを調べた際のデータの中から句点まで含んだ形を文字列検索で切り出してカウントした。

後ろに名詞がくる連体修飾節は比較的多い。また，疑問文の割合も同じく高い。ル形の言い切りの形は約25％である。

なお，「たことがない」に関しても前接動詞では1位が「見る」，2位が「聞く」であり，この2語で全体の1/4近くを占める点は「たことがある」と同じである。また，後接形式では直後に名詞が接続する連体修飾節内での使用が18.6％と「たことがある」よりもやや多く，疑問文との組み合わせは4.0％であった。

では，学習者コーパスのデータはどのような傾向を示すのだろうか。

4.2 学習者の書き言葉コーパスに出現した「たことがある／たことがない」

学習者の書き言葉コーパスについては国立国語研究所が作成した『日本語学習者による日本語作文と，その母語訳との対訳データベース』（以下 DB）と東京外国語大学留学生日本語教育センターが作成した『JLPTUFS 作文コーパス』（以下 JLPTUFS）を利用した。前者は JFL 環境における学習者の書き言葉コーパス，後者は JSL 環境における学習者の書き言葉コーパスである。これらのコーパスはテキストファイルで提供されており，文字列を検索することになるが，テキストエディタと呼ばれるソフトウェアで GREP（Global Regular Expression Print）と呼ばれる機能を実行すると，複数のファイルから，複数の条件を組み合わせて検索することができる。例えば，「たことがある」であれば「たことがあった」のような活用形や，「た事が有る」といった表記のゆれが考えられるが，1つ1つしらみつぶしに検索していくと，組み合わせは膨大な数になり，検索ミスも生じうる。そこで，正規表現という記述方法で，「[ただ]（事|こと）.?[あな有無]」を検索することで，様々な表記の可能性を一括で検索した。なお，正規表現についての解説書として

は,淺尾仁彦・李在鎬(2013)の第3章や大名力(2012)が有益である。検索後,検索結果から目視で不適切な例を排除し,「たことがある／たことがない」を合わせて DB で 94 例,JLPTUFS で 129 例を採集した。

まず,前接動詞を表 3 に示す。DB において 2 回以上出現した動詞,JLPTUFS において 3 回以上出現した動詞を示してある。BCCWJ の順位の欄は,そのコロケーションの BCCWJ における順位を示している。

表 3 学習者コーパスの「たことがある／たことがない」の前接動詞

DB			JLPTUFS		
動詞	出現数	BCCWJ 順位	動詞	出現数	BCCWJ 順位
見る	21	2 位	見る	18	2 位
聞く	15	1 位	行く	11	4 位
吸う	9	172 位	聞く	9	1 位
する	7	3 位	食べる	9	15 位
勉強する	4	140 位	勉強する	7	140 位
行く	3	4 位	思う	7	6 位
読む	3	8 位	びっくりする	6	56 位
考える	3	12 位	考える	4	12 位
参加する	3	43 位	使う	3	13 位
驚く	2	62 位	買う	3	28 位
行う	2	16 位	来る	3	7 位

学習者コーパスにおける機能語と前接動詞のコロケーションは母語話者のものと非常に近い結果を示すことがわかった。JFL 環境と JSL 環境でも大きな違いがあるようには見えない。「～という情報を知っている」ということを表すのに使われるのは学習者のデータでも同様である。

(6) 最近,たばこを吸っている女性と青少年の数が増えているそうな<u>ニュースを見たことがある</u>。 (DB: JaKoKR037_02)
(7) 世界各地に<u>似ている遊びで聞いたことがない</u>。
(JLPTUFS: 2009220010121101)

「吸う」と「勉強する」のみが BCCWJ では出現順位が低く,特異であると言えるが,「吸う」に関しては DB の作文課題のテーマの一つが

喫煙に関するものであり，必然的に多くなったものである。「勉強する」に関しては学習者が皆，学生であることから非常にインプットが多かったと推測できる。

この結果からは，機能語と動詞のコロケーションに限って言えば，ジャンルやトピックの影響をほとんど受けないということが読み取れる。影響があるにしても，他のジャンルやトピックであまり使われないコロケーションが増えるという方向であり，他のジャンルやトピックでよく使われるコロケーションが減るという方向ではないことがわかる。実際にBCCWJで「たことがある」に前接した動詞の上位10語はすべて学習者コーパスに出現していた。

続いて，後接形式を分析する。表4に，母語話者コーパスで分析した項目の学習者コーパスにおける出現割合を掲載する。母数が大きく異なるので，割合のみを掲載する。

表4 学習者コーパスの「たことがある／たことがない」の後接形式

コロケーション	DB	JLPTUFS	BCCWJ
連体修飾節	7.5%	7.0%	13.0%
疑問文	5.3%	4.7%	13.1%
言い切り・ル形	50.1%	31.0%	24.2%
言い切り・タ形	4.3%	10.1%	6.3%

まず，学習者の後接形式の特徴として，「たことがある。」「たことがあります。」のようにル形の言い切りの形で使われることが非常に多いことが観察される。DBでは「たことがあります。」が選択され，JLPTUFSでは「たことがある。」が選択されることが多いが，これはJFLとJSLという環境の違い，そして学習者のレベルの違いを反映していると考えられる。JLPTUFSのデータには学習者のレベル分けが行われており，100から800まで数字が大きくなるほど高いレベルとなるが，100から300までは「たことがあります。」が多く，400以上は「たことがある。」が多いという結果であった。

一方，母語話者に特徴的な「たことがある＋疑問文」「たことがある

＋名詞」というコロケーションはあまり見られなかった。「たことがある＋疑問文」はBCCWJでは以下のように使われている。

（8）　冬，氷のはった湖にツルが立っているのを見たことがありますか。　　　　　　　　　　　（久道健三『科学なぜどうして』）

しかし，このような文は学習者コーパスではほとんど見られなかった。ただし，これは作文というジャンルであるため，疑問文が出現しにくかったとも考えられる。疑問文の数（「か。」「？」の数）を文の数（「。」「？」「！」の数）で割るという簡易的な方法で疑問文の割合を調査すると，BCCWJではジャンルごとの差異が大きく，＜図書館・書籍＞で3.5％，＜ブログ＞で8.6％であったのに対し，学習者の作文ではDBが2.4％，JLPTUFSが2.1％とやや低い数値を示した。

一方，連体修飾節「たことがある＋名詞」はBCCWJでは以下のように人に関する名詞をともない「何らかの経験を持つ人の集合」を指し示す時に使われることが非常に多い。

（9）　サッカーしたことある人ならわかると思うけど，胸が痛くなるようなボールをトラップしますか。　　　（Yahoo! 知恵袋）
（10）　一度いずれかの方法で催眠に入ったことがある人は，二回目以後は簡単に入れる人が多いものです。
　　　　　　　　　　　　　　　（浦田浩一『催眠で直す心と体』）

しかし，学習者のコーパスにはこのような例はほとんど見られない。ただし，用例数は少ないが，「たことがない」に限ればJLPTUFSでの割合は26％にまで上昇する。

（11）　見たことがない場所を見られたりして，必ず素晴らしい経験になるはずである。　　　　（JLPTUFS: 2009140030061105）

「たことがない＋名詞」はBCCWJでも割合が非常に高いため，習得しやすいのかもしれない。

とはいえ，全体としては「たことがある＋名詞」の習得は難しいと言える。JLPTUFSでは「たことがある」は最も低いレベルである100でも7回出現し，200では13回，300では21回出現するが，「たことがある＋名詞」は300で初めて，1回出現するのみである。

4.3 「たことがある/たことがない」のまとめ

「たことがある/たことがない」の前接動詞は母語話者,学習者ともに「見たことがある」「聞いたことがある」が多かった。「たことがある/たことがない」の後接形式は母語話者では連体修飾節内での使用や疑問文での使用が多いが,学習者にはそのような傾向は見られず,むしろ「たことがある/たことがない」で言い切る形が多い。

5. 「てみる」のケーススタディ

この節では試行を表す「てみる」のコロケーションについて分析する。

5.1 母語話者の書き言葉コーパスに出現した「てみる」

使用したデータは「たことがある/たことがない」の時と同じくBCCWJである。「中納言」の長単位モードで,以下の条件で検索した。

　　検索条件:キー＝動詞　後方1語＝「てみる」　または　キー＝動詞　後方2語＝「てみる」

全部で 61,440 例を採集した。

まず,「てみる」の前接動詞を表 5 に示す。

表 5　BCCWJ の「てみる」の前接動詞

動詞	出現数	割合	BCCWJ 順位	MI スコア
考える	4,605	7.5%	11	6.17
する	3,685	6.0%	1	3.01
見る	3,051	5.0%	6	4.77
聞く	2,677	4.4%	17	5.89
やる	2,418	3.9%	16	5.47
行く	2,306	3.8%	8	4.68
調べる	1,799	2.9%	120	7.84
言う	1,529	2.5%	4	2.37
試す	1,204	2.0%	529	9.23
作る	964	1.6%	23	4.67

MI スコアに着目すると,「考える」「調べる」「試す」などとの結びつきが強い。この他,「振り返る」(14位),「探す」(15位),「比較する」(20位),「比べる」(21位),「相談する」(26位),「検討する」(28位)など思考にかかわる動詞,特に「判断を下し,結論を述べるまでのプロセスにかかわる動詞」が多いということができる。

　次に,後接形式についての調査結果を表6に示す。

表6　BCCWJ の「てみる」の後接形式

コロケーション	出現数	割合
条件(てみれば／てみたら／てみると)	12,109	19.7%
提案(てみよう／てみましょう)	10,848	17.7%
願望(てみたい)	4,398	7.2%
言い切り・ル形(てみる。／てみます。)	2,140	3.5%
言い切り・タ形(てみた。／てみました。)	5,374	8.7%

　「てみれば」「てみたら」「てみると」のような条件表現とのコロケーションが非常に多く,「てみよう」「てみたい」のような組み合わせも多い。それに対して,言い切りの形で使われる割合は少なく,特に「てみる。」「てみます。」のようなル形の割合は極端に少ない。

5.2　学習者の書き言葉コーパスに出現した「てみる」

　使用したデータは「たことがある／たことがない」の時と同じく DB と JLPTUFS である。2つのコーパスを正規表現「[てで] み」で GREP し,目視で例を得た。用例数は DB が94例,JLPTUFS が160例である。以下,表7(次ページ)に DB では3回以上出現した組み合わせ,JLPTUFS では5回以上出現した組み合わせを示す。BCCWJ の順位の欄は,そのコロケーションの BCCWJ における順位を示している。

　こちらも「たことがある／たことがない」同様,母語話者のコロケーションと非常に近い結果を示すことがわかった。DB における「吸う」,JLPTUFS における「インタビューする」が特異であるが,これは課題の影響であろう。

表7　学習者コーパスの「てみる」の前接動詞

DB			JLPTUFS		
動詞	出現数	BCCWJ順位	動詞	出現数	BCCWJ順位
考える	21	1位	考える	16	1位
吸う	7	265位	聞く	16	4位
食べる	5	17位	見る	15	3位
聞く	5	4位	やる	13	5位
説明する	4	104位	行く	11	6位
書く	4	18位	作る	7	10位
行く	4	6位	食べる	7	17位
あげる	3	22位	する	7	2位
読む	3	12位	インタビューする	6	868位
する	3	2位	話す	5	38位
作る	3	10位			

　続いて，後接形式について分析する。表8に，母語話者コーパスで分析した項目の学習者コーパスにおける出現割合を掲載する。母数が大きく異なるので，割合のみを掲載する。

表8　学習者コーパスの「てみる」の後接形式

コロケーション	DB	JLPTUFS	BCCWJ
条件	33.0%	16.3%	19.7%
提案	7.4%	16.3%	17.7%
願望	8.5%	18.1%	7.2%
言い切り・ル形	10.6%	4.4%	3.5%
言い切り・タ形	3.2%	13.8%	8.7%

　DBとJLPTUFSでは異なる傾向が見られた。まず，「てみる」と条件表現のコロケーションはどちらのコーパスでも多く見られた。その代表例は「考えてみると」であり，以下のように使われている。

（12）　でも，良くかんがえてみるとタバコをやめたほうがいいです。　　　　　　　　　　　　　　　（DB: JaMnMN031_02）
（13）　まず，日本の場合を見てみると，日本では食器を片手で持

ち，箸を使ってご飯を食べる。

（JLPTUFS: 2009180040060910）

「てみよう」「てみましょう」といった提案のコロケーションはJLPTUFSでは母語話者並に使われているが，DBでは少ない。JLPTUFSではレベル500以上から使われ始め，例を挙げる前の前置き表現として使われている。最終的に習得されるが，やや難しい表現なのかもしれない。

(14) 次に，田舎にあるが，都会にあまりないものを<u>考えてみよう</u>。　　　　　　（JLPTUFS: 2009150030072204）

また，「てみたい」という願望のコロケーションはDBはほぼ母語話者と同じ割合で，JLPTUFSのみ高い割合を示す。これは以下のような「聞いてみたい」という例が8例出現したことが一因である。これはすべてレベル300の学習者の作文であり，作文の課題として「日本人に聞いてみたいこと」が設定されていたためであると考えられる。その影響を除けば，母語話者と変わらない割合となり，これも習得されていると言える。

(15) 日本人に<u>聞いてみたい</u>ことは，外国へ行ってびっくりしたことがあるかどうかです。　　（JLPTUFS: 2009230020111007）

これらは機能語と機能語のコロケーションであると言えるが，「てみる＋と」「てみる＋ましょう」「てみる＋たい」のように語の連続と捉えることができ，その点では気づきやすいコロケーションと言える。

一方，「てみる」が主節で言い切りとして用いられる例は，BCCWJではほとんどないが，DBでは一定数用いられている。母語話者よりたくさん使っているからといって問題があると考えるのは早計だが，例を観察すると，ぎこちない表現が多数見つかる。

(16) 基本的な私の考えは，公共場所での吸煙と無分別な広告について政府の強腰な規制が必要だということです。この問題について私の考えを<u>話してみます</u>。　　（DB: JaKoKR054）

(17) まず，ペペロっていうものを<u>説明してみます</u>。'ペペロ'は韓国のお菓子の名前です。　　　　　（DB: JaKoKR125）

(16) も (17) も作文で本題に入る前の前置きの箇所であるが，これらの「てみる」は不要で，「話します。」「説明します。」のように「てみる」を使わないほうが自然である。実際には，「てみる」は言い切りの形で使われることはほとんどなく，判断の前提を表す時も何らかの複合形式を用いなければならないが，そのことがまだ意識されていない例であると考えられる。

BCCWJ に出現する「てみる。」は (18) のように物語の中で過去に起こった出来事をリアルに描写する歴史的現在の用法が大半を占める。また，BCCWJ に出現した「てみます。」は「てみる」全体のわずか 1% 強で，(19) のような「やってみます」という返答か，(20) のように，複数のステップを持つ一連の手順の説明に使われるのが大半であった。

(18) 「水漏れ，大変ですね。」僕は<u>言ってみる</u>。
（角田光代『人生ベストテン』）

(19) タタキって美味しそうですね。今度釣れたら<u>やってみます</u>。
（Yahoo! 知恵袋）

(20) たとえば赤ちゃん用品を扱っている業者について調べたいときは，まずは，「職業名・サービス名一覧」を<u>開いてみます</u>。そこから「赤ちゃん用品→ベビー用品」という項目を探し出せば…　　（山口規容子『ママとパパの育児百科』）

いずれも特殊なコンテクストを必要とし，一般的な書き言葉では使われない。DB の作文で「てみる。」「てみます。」を使用した JFL 環境の学習者にはそのことがまだ意識されていないと考えられる。

5.3 「てみる」のまとめ

「てみる」の前接動詞は母語話者，学習者ともに「考える」が多かった。「てみる」の後接形式は項目によって違いがあり，「考えてみると」のような「てみる＋条件」という形は母語話者，学習者ともに多く使われているが，「例を見てみよう」のような「てみる＋提案」は DB にはあまり見られず，また，やや不自然なル形の「てみる」で言い切る例が見られた。

6. 考察

この節ではここまでの議論をまとめて考察を加える。

6.1 機能語と特定の語のコロケーション

まず，機能語と特定の語のコロケーションには，機能語と前接動詞のコロケーションや，特定の機能語とのコロケーションがある。前接動詞は「たことがある／たことがない」についても「てみる」についても学習者のコロケーションは母語話者のものとほぼ一致する傾向が見られた。また，「てみると」のような特定の機能語とのコロケーションも学習者コーパスには多く見られた。特定の語とのコロケーションは学習者にとって気づきやすく，また習得しやすいコロケーションと言える。

だからといって，機能語と特定の語とのコロケーション研究の価値がなくなるというのは早計である。例えば，初級日本語教科書には「着てみる」「はいてみる」のような着脱動詞＋「てみる」のコロケーションが多く出現する（中俣尚己 2014）。しかし，BCCWJ 内での順位は低く，今回調査した学習者コーパスには 1 例も見られなかった。母語話者も使わず，教えても学習者も使わない例を初級導入時に教える必要があるのかと省みることは今後の教材開発において必要になる。反対に，「勉強したことがある」は母語話者コーパスにはあまり見られないが，学習者には必要なコロケーションであるといった分析も今後必要である。

6.2 機能語と特定の語ではない構造とのコロケーション

特定の語ではない構造とのコロケーションに関しては，学習者は母語話者と異なる選好をするという仮説を立てていた。結果として，母語話者コーパスには「たことがある＋名詞」という構造が頻出するのに対して学習者コーパスにはあまり見られないという点と，母語話者コーパスでは特殊な文脈を必要とする「てみる。」での言い切りがほとんど見られないのに対して学習者コーパスでは比較的見られるという 2 点が観察された。学習者コーパスにおいては機能語は言い切りの形に偏ってあらわれるということである。

構造とのコロケーションに関しては例が少なかったので，さらに別のデータを検証に加える。「読みにくい」のように動詞連用形に接続して複合形容詞を作る「－にくい」という接尾辞は母語話者コーパスでは40％以上が「読みにくい字」のように後ろに名詞をともない，連体修飾として使われている。しかし，DB では 9.5%，JLPTUFS では 13.3%と学習者コーパスではほとんど連体修飾の用法が見られない。「にくい＋名詞」という構造は習得しにくいと言える。構造とのコロケーションが習得しにくい原因としては，一つは特定の語という手がかりがないため気づきにくいということが考えられる。もう一つはそもそも連体修飾節自体が学習者にとって認知的負担が大きい構造であり，学習者の使用が制限されているという可能性もある。

7. おわりに

この論文では，中俣尚己（2014）のデータから出発し，学習者コーパスのデータを用いて機能語のコロケーションについて分析した。その結果，特定の語どうしのコロケーションは気づきやすく，学習者にとっても習得しやすいこと，特定の語ではない構造とのコロケーションは気づきにくく，習得が難しいことがわかった。

この論文で行ったことはケーススタディなので，今後，気づきにくいコロケーションにはどのようなものがあるか，さらに調査を進め，その点を教育に取り込んでいく必要がある。ある機能語が，文内のどのような位置で「使われうる」のかという観点は文法研究では定番であるが，文内のどのような位置で「使われることが多い」のかという研究がコーパスが整備された今，もっと必要であると考える。

一方，特定の語どうしのコロケーションは習得しやすいといっても，そのことと教室活動が乖離していては意味がなく，また，学習者の使用場面特有のコロケーションが存在することも考えられるため，今後，母語話者コーパスと学習者コーパスの両面からコロケーション研究を進めていく必要がある。中俣尚己（2014）の執筆動機にはそのような研究を促進させたいという側面もあり，今後様々なコロケーション研究が展開

されることを期待したい。

調査資料

『JLPTUFS作文コーパス』，東京外国語大学留学生日本語教育センター，2011．
『日本語学習者による日本語作文と，その母語訳との対訳データベース　オンライン版』，国立国語研究所日本語教育基盤情報センター，2009．（http://jpforlife.jp/taiyakudb/）
『現代日本語書き言葉均衡コーパス』中納言，ver. 1.1.0，国立国語研究所，2011．（https://chunagon.ninjal.ac.jp/）
『現代日本語書き言葉均衡コーパス』長単位語彙表，ver 1.0，国立国語研究所，2013．(http://www.ninjal.ac.jp/corpus_center/bccwj/freq-list.html)

引用文献

淺尾仁彦・李在鎬（2013）『言語研究のためのプログラミング入門—Pythonを活用したテキスト処理—』開拓社．
石川慎一郎（2006）「言語コーパスからのコロケーション検出の手法—基礎的統計値について—」『統計数理研究所共同レポート』190，pp. 1–128，統計数理研究所．
石川慎一郎（2012）『ベーシックコーパス言語学』ひつじ書房．
上宮真理子・河野美抄子・白鳥文子・塚田智冬・田中道治（2012）「連体修飾コロケーション分類—中上級以上の日本語学習者の場合—」『日本語・日本文化研究』18，pp. 18–31，京都外国語大学留学生別科．
大名力（2012）『言語研究のための正規表現によるコーパス研究』ひつじ書房．
川崎加奈子（2011）「類義語のコロケーション比較一例—「永遠」と「永久」—」『長崎大学留学生センター紀要』19，pp. 75–83，長崎大学留学生センター．
清水由貴子（2010）「AテモBテモ文の分析」『日本語文法』10-1，pp. 105–121，日本語文法学会．
杉村泰（2012）「コーパスを利用した複合動詞「V1-通す」の意味分析」『言語文化論集』34-1，pp. 47–59，名古屋大学大学院国際言語文化研究科．
杉村泰（2013）「コーパスを利用した複合動詞「V1-通る」の意味分析」『言語文化論集』34-2，pp. 53–65，名古屋大学大学院国際言語文化研究科．
鈴木智美（2009）「「呼ぶ」と「招く」の意味分析—その多義的意味とコロケーションについて—」『東京外国語大学留学生日本語教育センター論集』35，pp. 1–15，東京外国語大学留学生日本語教育センター．
田中道治（2005）「話し言葉の受身文—「言われる」を中心に—」『日本語・日本文化研究』11，pp. 66–79，京都外国語大学留学生別科．

田中道治（2012）「日本語上級学習者作文に見るコロケーション」『日本語・日本文化研究』18，pp. 1–17，京都外国語大学留学生別科．
中俣尚己（2010a）「現代日本語の「たり」の文型―コーパスからみるバリエーション―」『無差』17，pp. 101–113，京都外国語大学日本語学科．
中俣尚己（2010b）「学習者の「も」の使用状況―「同類」の「も」の不使用の原因を探る―」『中国語話者のための日本語教育研究』創刊号，pp. 15–27，中国語話者のための日本語教育研究会．
中俣尚己（2011）「コーパス・ドリブン・アプローチによる日本語教育文法研究―「てある」と「ておく」を例として―」，森篤嗣・庵功雄（編）『日本語教育文法のための多様なアプローチ』pp. 215–233，ひつじ書房．
中俣尚己（2013）「中国語話者による「も」構文の習得―「AもBもP」「AもP, BもP」構文に注目して―」『日本語教育』156，pp. 16–30，日本語教育学会．
中俣尚己（2014）『日本語教育のための文法コロケーションハンドブック』くろしお出版．
野田尚史（2007）「文法的なコロケーションと意味的なコロケーション」『日本語学』26-10，pp. 18–27，明治書院．
村木新次郎（2007）「コロケーションとは何か」『日本語学』26-10，pp. 4–17，明治書院．
劉瑞利（2017）「日本語学習者の「名詞+動詞」コロケーションの使用と日本語能力との関係―「YNU書き言葉コーパス」の分析を通して―」『日本語教育』166，pp. 62–77，日本語教育学会．
劉瑞利（2018）「中国語を母語とする上級日本語学習者の「名詞+動詞」コロケーションの使用―日本語母語話者との使用上の違い及び母語の影響―」『日本語教育』169，pp. 31–45，日本語教育学会．
Lewis, Morgan（2000）There is nothing as practical as a good theory. In Michael Lewis (ed.) *Teaching Collocation: Further Development in the Lexical Approach*. pp. 10–27. Heinle: Cengage Learning.
McEnery, Tony and Andrew Hardie（2012）*Corpus Linguistics: Method, Theory and Practice*. Cambridge University Press.（T・マケナリー and A・ハーディー『コーパス言語学　手法・理論・実践』，石川慎一郎（訳），ひつじ書房，2014．）
Stubbs, Michael（2002）*Words and Phrases: Corpus Study of Lexical Semantics*. Oxford: Blackwell Publishing.（M・スタッブズ『コーパス語彙意味論　語から句へ』，南出康世・石川慎一郎（監訳），研究社，2006．）

名詞述語文の習得に関わるねじれ文と「は」「が」の誤用について
―学習者の縦断的な作文コーパスの分析から―

砂川有里子

1. はじめに

　「ねじれ文」は国語の作文教育でしばしば問題とされる誤用のひとつである。矢澤真人（2013）では，平成 21 年度全国学力・学習状況調査中学校国語 A の問題において，「この（＝モナリザの）絵の特徴は，どの角度から見ても女性と目が合います。」という文を修正させる問の正答率が 50.8％ときわめて低かったことが報告され，この種の誤用は社会人の文章でも産出されると述べられている。上記国語 A の問は，「この絵の特徴は，どの角度から見ても女性と目が合うことです。」という名詞述語文への修正を求めるものであるが，「この絵の特徴」のような抽象的な名詞を主語に取る名詞述語文の場合，主語と述語が呼応しないねじれ文を生じさせる可能性が高い。小学生から大学生までの作文を調査した内田安伊子・瓜生佳代（1996）や，中学 1 年生の作文を調査した松崎史周（2015）でも，この種のねじれ文の出現が文法的な不具合のなかで最も多いことが報告されている。

　このように，国語教育では，本来名詞述語文となるべき文の「ねじれ」が作文指導上の大きな問題となっている。しかし，このことは国語教育に限った問題ではない。日本語学習者の作文においてもねじれ文は数多く観察されるし，習得が進み，上級レベルに至ってもねじれ文がなくならない点についても国語教育の場合と同様で，この問題の解消は，日本語教育の作文指導においても重要な課題として取りあげる必要があ

る。しかしながら，これまでに日本語教育でこの問題を扱った論考は管見の限り見当たらず，このことに対する関心は，国語教育ほどの高まりを見せていないのが実情である。

名詞述語文は日本語教育において最も初期の段階で導入され，ほとんどの教科書が第1課の指導項目として扱っている。しかし，指導される文型は「私は学生です」や「国は日本です」のような典型的な名詞述語文に限られ，それ以外のタイプが注目されることはほとんどない。新屋映子（2014）も述べているように，日本語教育では，初級の段階を過ぎれば，ほかの文法項目の指導に名詞述語文が使われることはあっても，名詞述語文それ自体が指導項目とされることはなくなってしまうのである。日本語学習者の作文にねじれ文が頻出し，その使用が減らないのには，このような指導のありかたにも一因があるのではないかと思われる。

そこで，この論文では，縦断的な学習者の作文コーパスを調査し，名詞述語文とそれに関わる誤用の出現状況を観察するとともに，学習者の名詞述語文の習得とねじれ文を始めとする誤用の産出との関連を探り，日本語教育において名詞述語文の指導にどのような改善が必要かを考える。

具体的な課題は以下のとおりである。

(a.) 縦断的な学習者コーパスを用いて，日本語を習い始めてから4年生後期に至るまでに，どの段階でどのような名詞述語文と名詞述語文の誤用が出現するかを調査する。

(b.) ねじれ文と主語名詞に伴う「は」「が」の誤用に着目し，習得の進展とこれらの誤用の産出との関わりについて考察する。

(c.) 名詞述語文に関してどのような指導が必要か，また作文指導において留意すべき点は何かについて考察する。

なお，この論文と関連の深い研究として，砂川有里子・清水由貴子（2017）がある。そちらも参照していただければ幸いである。

2. 分析データの詳細

　この論文では，台湾国科会専題研究計画「台湾日文系学生日語習得縦断式研究」（代表者 陳淑娟）が構築した「LARP at SCU 第二版」のコーパスを分析する。このコーパスは，2003 年 9 月に台湾東呉大学に入学した学部生が 1 年生の後期から 4 年生の後期になるまでの 3 年 2 ヶ月間，ほぼ毎月 1 回のペースで書いた 33 回分の課題作文が収録された縦断的な学習者コーパスである。

　この調査に参加した学生は，大学入学以前から日本語を学んでいる者が多い。しかし，この論文の目的が学習開始直後からの習得状況を観察することにあるため，大学入学後に初めて日本語学習を開始した学生のみに対象を絞り，そのなかで，33 回の作文すべてを提出した 6 名（全員女性）の作文を分析の対象とする。これら 6 名のプロフィールは表 1 のとおりである。

表 1　学生のプロフィール

学生 ID	調査開始時の年齢	母語	SPOT テストの得点		得点の伸び
			1 回目	2 回目	
6	19 歳	中国語	21	38	17
15	19 歳		52	56	4
21	20 歳		39	46	7
25	19 歳		44	53	9
28	19 歳		31	46	15
29	19 歳		43	54	11
SPOT テストの平均値			38.3	48.8	10.5

　この表にある「SPOT テストの得点」というのは，調査開始時と半年後に行った日本語能力テスト SPOT の得点，「得点の伸び」というのは，2 回目の得点から 1 回目の得点を差し引いた数値である。

　表 1 が示すように，1 回目の調査を行った 1 年後期の段階では，最高が 52 点，最低が 21 点と 6 名の得点に 31 点の開きがある。しかし，それから半年後の 2 回目の調査ではその開きが 18 点と小さくなってい

る。残念ながら2回目以降はSPOTテストが行われていないため，それ以後の日本語能力については不明である。

3.「名詞述語文」の分類と「誤用」の規定

調査した作文データからは，「みんなは気に入ったのは本当はコーヒーという商品についている「高尚の雰囲気」である。」のような分裂文や，「（異性と付き合う理由について）多くの人はただ誰かがそばにいてほしいという理由だ。」のようなウナギ文（奥津敬一郎（1978））が見いだされる。また，「先生は女の人で」のような有題叙述文（新屋映子（2014））や，「一番素敵な所はLouise湖だと思う。」「内湖が一番いい町だと思う。」のような指定文（新屋映子（2014））がある。さらには，主節に用いられるものばかりでなく，「もし，相手が同僚や恋人だったら」のように従属節に用いられる場合もある。データに出現した名詞述語文は，このようにさまざまな機能や異なる文法構造を有する文が混在している。しかし，この論文では，機能や文法構造に基づく分類は行わず，文の表層的な型のみに着目して名詞述語文を分類する。調査の結果，出現が観察されたのは，以下の10種の型と「その他」である。

（1）NはNだ　（5）NがNだ　（9）NφNだ
（2）CはNだ　（6）CがNだ　（10）NもNだ
（3）NはCだ　（7）CがCだ　（11）その他
（4）CはCだ　（8）Nだ

以上のNとは単独の名詞や連体修飾句・連体修飾節などで修飾された名詞句，Cとは「<u>日本に留学するのが</u>私の夢だ」や「私の夢は<u>日本に留学することだ</u>」などに見られる「節＋の／こと」という形式である。また，（8）の「Nだ」は主語が省略され，名詞述語だけが表現されたもの，（9）の「NφNだ」は助詞が省略されたものを指す。

次に，この論文で用いる「誤用」という用語の規定を行うことにする。「誤用」にはエラーとミステイクがあるが，この論文で扱うのは同一タイプの間違いが複数回繰り返されていることからエラーと判定されるものである。さらに，取り扱う用例には文法や表記などの誤用が数多く

含まれているが，この論文では，名詞述語文の表層的な型に関する誤用のみに注目し，その他の誤用については問題としない。例えば，上に挙げた分裂文の例「みんなは気に入ったのは本当はコーヒーという商品についている「高尚の雰囲気」である。」は，「みんなが気に入ったのは，本当はコーヒーという商品の持つ「高尚な雰囲気」である。」といった文への修正が必要である。元の文には助詞や読点の誤用などが含まれているが，「～のは～だ」という名詞述語文としての型に関しては，誤用のない正しい型をなしている。このような場合，当該の文が文脈的に適切な使い方をされている限り，誤用とは判定しないことにする。

　一方において，当該の文に文法的な誤用が認められない場合でも，文脈上，その型の名詞述語文を使うのがふさわしくないと判定されるものがある。このような場合，通常は「不適切」な使用とされ，「誤用」とは区別されるのだが，この論文ではこのようなものも便宜上「誤用」と呼ぶ。例えば，「私の一日」という題目の作文で，自分の一日の出来事を説明した後で「それは私の一日です」と述べて文章を結ぶ場合などがその例である。この例の場合，適切な文としては「それが私の一日です」とすべきであり，助詞の「は」を「が」に修正する必要がある。しかし，助詞の「は」が使われている文自体に文法的な誤用が認められるわけではない。このような「不適切」な使用の文も，この論文では「誤用」と呼ぶことにする。従って，この論文での「誤用」という用語は，ねじれ文のように文法的な誤用を含む文だけでなく，文法的に正しいが文脈上不適切な使い方をされている場合についても該当する。それに対して，この論文が「誤用」と判定しない文のなかには，名詞述語文の型とは無関係のさまざまな誤用が含まれている可能性がある。

　以下においては4.で名詞述語文と誤用の頻度調査について，5.でねじれ文について，6.で「は」と「が」の誤用について述べ，7.で作文の指導上の留意点について考察する。

4. 名詞述語文と誤用の出現頻度
4.1 名詞述語文の出現頻度

まずは，6名の33回にわたる作文データにおいて，どんなタイプの名詞述語文が，いつ，どのくらいの頻度で出現したかの調査結果を報告する。表2がその結果である。

表2　名詞述語文の初出時と出現数

	～は～だ				～が～だ			その他			
	NはNだ	CはNだ	NはCだ	CはCだ	NがNだ	CがNだ	CがCだ	Nだ	NφNだ	NもNだ	その他
初出時	1回目	9回目	8回目	9回目	11回目	24回目	32回目	1回目	1回目	5回目	9回目
出現頻度(%)	319 (62.3%)	38 (7.4%)	16 (3.1%)	11 (2.1%)	19 (3.7%)	1 (0.2%)	1 (0.2%)	81 (15.8%)	6 (1.2%)	12 (2.3%)	8 (1.6%)
グループごとの出現頻度(%)	384 (75%)				21 (4.1%)			107 (20.9%)			
総計(%)	512 (100%)										

1回目の作文から出現し，持続的に出現が続いているのは「NはNだ」と「Nだ」という2つの型である。このうち「NはNだ」は319回（62.3%）で最も頻度が高く「Nだ」は81回（15.8%）でそれに続く。このことから，これら2つの形式は初期の段階で習得され，その後も頻繁に使用される型であることが分かる。

新屋映子（2014）が述べるように，「NはNだ」という型は入門期に導入され，重要な指導項目として扱われるが，主語の省略のような型については，指導項目として特に取りあげられることがない。それにも関わらず，主語を省略した「Nだ」という型は入門期から頻繁に用いられているし，後述する誤用調査においてもこの型に関する誤用は認められていない。このことから，「Nだ」は，特別な指導が行われなくとも，中国語母語話者にとっては比較的容易に習得される型であると言える。

「Nだ」の次に頻度が高いのは，「CはNだ」の38回（7.4%）である。この型のように節「C」を含む型が出現するのは2年前期の半ば以降で，初出は「NはCだ」という形である。このことから，節を用いた

名詞述語文は，学習を始めてから1年以上の時間が経過しないと出現しないことが分かる。

これまでに述べた型以外のものは，いずれも出現頻度の比率が4％以下であり，使用されることが少ない型である。その種の型のうち，以下においては「～が～だ」に関わる型について観察することにする。

「～が～だ」に関わる型としては「NがNだ」「CがNだ」「CがCだ」の3種が出現している。これら3つの型は，頻度の合計が21回と非常に小さいものにとどまっている。一方，「～は～だ」のほうは，「NはNだ」「CはNだ」「NはCだ」「CはCだ」の4種が出現しており，頻度の合計は384回と多数を占める。「～が～だ」と「～は～だ」の比率は，5％対95％であり，圧倒的に「～は～だ」が多数を占めている。

一般的に，「～は～だ」という型は名詞述語文の無標の形式であり，有標の形式である「～が～だ」という型より数多く用いられることが予想される。しかし，「現代日本語書き言葉均衡コーパス」の新聞コアデータを「中納言1.1.0」で調査した結果，「NはNだ」が22例，「NがNだ」が42例と，予想に反して「NがNだ」のほうが多数抽出された。これは名詞を「大分類-普通名詞」と指定して検索した結果であるがさらに条件を絞って「小分類-普通名詞-一般」と指定した場合でも「NはNだ」が5例，「NがNだ」が5例と同数であり「NがNだ」が特に少ないわけではない。新聞コアデータだけで日本語母語話者の一般的な使用傾向を判断することはできないが，少なくとも「～が～だ」という型が母語話者の文章ではそれなりの頻度で用いられていることが分かる。浅山佳郎（2013）の調査では名詞述語文の「～は～だ」と「～が～だ」は202対72で出現し，「～が～だ」のほうが少ないという結果となっているが，それでも「～が～だ」の比率は26％となり，この論文での調査の5％に比べると遙かに大きな数値を示している。このことから，日本語学習者の「～が～だ」の出現数は日本語母語話者のそれに比べて非常に少ないと言える。

さらに，「NはNだ」の文は1回目の調査から出現しているが，「NがNだ」の文は2年後期に入ってからの11回目の調査が初出である。

また、「〜は〜だ」では節を用いた3種の型が合計65回出現しているが、「〜が〜だ」では「CがNだ」と「CがCだ」がそれぞれ1回ずつしか出現していない。さらに、次節で述べるように、本来「NがNだ」を使うべき箇所で「NはNだ」が使われたために誤用が生じている場合が少なからず観察される。これらのことから、「〜が〜だ」の習得が「〜は〜だ」の習得に比べて遅れている状況がうかがえる。

　上述のように、日本語教育においては「〜は〜だ」という典型的な名詞述語文についての指導はなされるが、その他の型についてはほとんど注目されないで見過ごされてしまう。そのような型のなかで、主語省略の「Nだ」は比較的容易に習得されるが、「〜が〜だ」という型については習得されにくいということがこの論文の調査から明らかになった。

4.2　誤用の出現頻度

　この節では、名詞述語文に関わる誤用調査の結果を報告する。観察された誤用のタイプは以下の4種であった。なお、用例冒頭の（　）内には直前の文脈、末尾の（　）内には調査回と作文題目を示す。

(12) は（誤）⇒が（正）：助詞の「が」を使うべきところで「は」を使っているもの。（例）（朝から夜寝るまでの一日の出来事を紹介した後の結びの文）それは私の一日です。

（1. 私の一日）

(13) が（誤）⇒は（正）：助詞の「は」を使うべきところで「が」を使っているもの。（例）（雑誌でおもしろい記事を読んだことを述べた後で）新しい知識を学ぶのが嬉しいことだ。

（24. 私の愛読書）

(14) ねじれ文：文末が主語と呼応する名詞述語になっていないもの。（例）ちょっと残念のはその日の天気はあまりよくなかったです。

（2. 春休み）

(15) 非名詞文：使うべきでないところで名詞述語文が使われているもの。（例）もし選挙の風気がもっと良くなったら、台湾は今よりいい国だと思います。

（19. 選挙）

誤用の初出時と出現数を表3に示す。

表3　誤用の初出時と出現数

	は（誤）⇒が（正）	が（誤）⇒は（正）	ねじれ文	非名詞文	その他
初出時	1回目	14回目	2回目	12回目	9回目
出現頻度（％）	9（14.8％）	4（6.6％）	28（45.9％）	9（14.8％）	11（18％）
総計（％）	61（100％）				

この表に見られるとおり，最も多い誤用はねじれ文の28回（45.9％）で，誤用の半数近くを占めている。ねじれ文は調査2回目という早い段階で出現し，その後も断続的に続き，終盤になるまで出現する。この結果は，日本語学習者も日本語母語話者の児童・生徒と同様にねじれ文の問題が解消しにくいことを示している。

ねじれ文に次いで多い誤用は，「は（誤）⇒が（正）」と「非名詞文」である。どちらも9回（14.8％）出現しているが，このうちの「非名詞文」には多様な種類があり，誤用が生じる原因もさまざまである。以下に例を挙げる。

（16）（テレビによって勉強や友達と会う時間がなくなると述べた後で）本当に困られる物です。　　　　（17．私の愛用品）
（17）（先輩ウエイトレスに余裕があると述べた後で）ウエイトレスとして一年未満の私はまだ甘えだろう。

（21．最近の出来事）
（18）（図書館で本を借りてきたと述べた後で）その本は私が高校二年生の時，大ヒットでした。　　　　（24．私の愛読書）

（16）はテレビについて述べている箇所なので，「テレビは自分を困らせるものだ」と言いたかったのだろうが，直前の文脈でテレビが主語となっていないため，名詞述語文ではなく，「本当に困ります」といった動詞述語文を使うべきである。（17）は「私にはまだ甘えがある」のような存在文が適当である。（18）は「大ヒットでした」の部分を「大ヒットしていました」という動詞述語に修正すべきである。以上のよう

に，主語と述語の不整合，文型の間違い，品詞の選び間違いなど，さまざまな原因によって誤用となったものがここに含まれる。

一方，「は(誤)⇒が(正)」の誤用の原因は，「～が～だ」型の名詞述語文を使いこなせないことによるものと思われる。さらに，この誤用に次いで数が多い，「が(誤)⇒は(正)」の誤用も，「～が～だ」型の習得が進まない問題と関連がある。これらの点については，**6.**で詳しく検討する。

最後に，「その他」について簡単に触れておく。「その他」には，以上に述べたどの型にも属さない種々雑多な誤用が含まれている。そのなかで特に注目したいのは，「～とは～だ」「～というのは～のことだ」などの形で主語名詞の内容を述べたりその語の定義を行ったりする名詞述語文の誤用である。以下に例を挙げる。⇒の後は修正の一例である。

(19) 旅するのは楽しめることではなくて　　　(18. 旅する)
　　　⇒旅というのは楽しむことではなくて
(20) 少子化は子供の数が減少するということだ。　(31. 少子化)
　　　⇒少子化とは子供の数が減少するということだ。
(21) では，大学生の恋愛観は何だろうか。(32. 大学生の恋愛観)
　　　⇒では，大学生の恋愛観とはどんなものなのだろうか。

「その他」のなかでこの種の間違いは上に示した3例だけである。決して多いとは言えない数ではあるが，実は，ねじれ文に分類されたもののなかにも主語名詞の内容を述べる名詞述語文の誤用がいくつかある。

(22) その言葉の意味は日本のことコピーする人たちなのです。
　　　　　　　　　　　　　　　　　　　　　(15. 流行)
　　　⇒その言葉の意味は日本のことをコピーする人たちということです。
(23) 「古い猫」の内容は，ある猫の体はETについて，三千年以上の生活を過ごしてきた。　　(24. 私の愛読書)
　　　⇒「古い猫」の内容は，ある猫が，体をETにとりつかれて3千年以上も生き延びたというものだ。

これらは「～とは～だ」「～というのは～ということだ」などの文型

が定着していないことによる誤用である。(20)や(21)の例は，4年生後期の31回目と32回目に出現している。このことから，この種の文型は中級や上級のレベルになっても習得されにくいものと言える。

以下においては，これらの誤用のなかから，**5.** でねじれ文，**6.** で「は」と「が」の誤用を取りあげて考察する。

5. ねじれ文

4.2 で述べたとおり，ねじれ文は誤用のなかで最も多く出現し，全体の45.9％を占めている。図1は調査ごとにねじれ文がいくつ出現したのか示したものである。この図から，ねじれ文は2回目という初期の段階で現れ，その後，2年生後期の15回目までに数多く出現することが分かる。その後は減少するが，全くなくなるわけではなく，最終回に至るまで散発的な出現が観察されている。

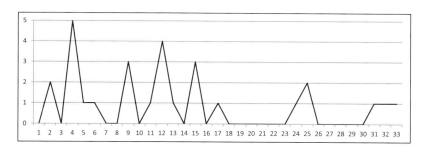

図1　ねじれ文の出現状況

ねじれ文の大半は，主語を名詞述語と呼応させる必要があるのに，述語に名詞が用いられず，動詞や形容詞などが用いられた次のような文である。

(24)　一番楽しいことはいい友達を作れました。　　(5. 高校生活)
(25)　ちょっと残念のはその日の天気はあまりよくなかったです。
　　　　　　　　　　　　　　　　　　　　　　　(2. 春休み)

そのほかに，名詞述語が用いられてはいるが，当該の文としては適切

な型をなしていないものも1例だけ出現した。

(26) その言葉の意味は日本のことコピーする人たちなのです。
(15. 流行)

この文は，**4.2**で述べたように，前節で述べた内容や定義を表す名詞述語文の誤用である。

ねじれ文で一番多いのは，「原因」や「理由」を主題とする次のようなものである。ねじれ文28例のうち8例がこのタイプである。

(27) もう一つ家に帰る理由は兄が来学期からイギリスに留学するから，家族と一緒に暮したいのです。（25. 最後の夏休み）
⇒家に帰るもう一つの理由は，兄が来学期からイギリスに留学するため，家族と一緒に暮したいということです。

(28) 一番大きい原因は経済的なのだと思う。（31. 少子化）
⇒一番大きい原因は経済的な問題なのだと思う。

(29) やめたい原因は時間があまり足りない。
(33. LARPに参加した感想)
⇒やめたいと思ったのは時間が足りないからだ。

以上の例は，調査の終盤近くで生じた誤用である。このように，この種のねじれ文は4年生後期になってもなくならない。

ねじれ文で次に多いのは，作文題目を主題として語り始める次のような文で，ねじれ文28例のうち7例をこのタイプが占める。

(30) <u>私の夢は</u>先生になりたいです。（4. 私の夢）
⇒私の夢は教師になることです。

(31) <u>私が忘れられない出来事は</u>大学の入学試験に落ちた。
(6. 忘れられない出来事)
⇒私が忘れられない出来事は大学の入学試験に落ちたことだ。

(32) <u>大学生活に一番の期待することは</u>ちゃんと日本語と英語をよく習うことができます。（9. 大学生活に期待すること）
⇒大学で一番やりたいことは日本語と英語をマスターすることです。

作文の題目を与えられた学習者は，まず，その題目について何を語ろうかと考えるだろう。その際，頭に浮かんだ題目をそのまま主題として取り立て，その内容を説明することから書き始めようとする学習者が少なくない。このようなときにねじれ文が生じやすいのだが，特に，作文の題目が何らかの出来事について語らなければならないもののときに，ねじれ文が生じてしまう。例えば「私の夢」という題目の場合，この題目を主題として語るには，「私の夢は教師になることです」のように，節を用いた名詞述語文によって夢の内容を述べることが必要である。しかし，表2に見られるように，学習者の作文に節が出現するのは8回目の調査が初回である。それ以前の段階では，学習者は，節という文法項目を指導されていないか，指導されていても正しく使えるほど習熟していない状態にあるものと思われる。

　伊坂淳一（2012）や松崎史周（2015）は，作文題目を主題にしたねじれ文が日本語母語話者生徒に多いことを報告し，子供たちが，とりあえず頭に浮かんだものを「〜は」で書き始め，思いつくままに書き連ねて当初プランと異なる文型にシフトすること，そして，そのためにねじれ文が生じてしまうことを指摘している。同様のことが日本語学習者に起こることもあるだろうが，今回観察された（30）〜（32）のような誤用は，当初プランからのシフトというより，そもそもその文型を十分に習得していなかったということに原因が求められるものと思われる。その証拠に，2年生の後半の作文には，次のように「NはCだ」の型を使った正しい文が産出されている。

　（33）　<u>私と日本語の出会いは大学に入ったときです。</u>

（10．私と日本語の出会い）

　ところで，作文題目を主題化したねじれ文は，9回目に出現したのが最後で，それ以降は出現しない。その後も「最近の出来事（21回目）」や「LARPに参加した感想（33回目）」など，出来事について語ることを求める題目が提出されてはいるのだが，そのような場合でもこの種の誤用は起こっていない。これは，ねじれ文が出現しなくなったという理由からではなく，学習がこの段階まで進むと，作文題目をいきなり主題

として取り立てるようなことはしなくなり，次のように，より洗練された書き出しで文章を書くようになるからである。

(34) 最近韓国のドラマはすごくはやっていて，全アジアで「韓流」というブームを起こっています。　　（21．最近の出来事）

(35) 光陰，矢の如し，もう四年くらい経った。私は一年生の時，LARP に参加して，今まで，たくさんの作文を書いた。
　　　　　　　　　　　　　　　　（33．LARP に参加した感想）

このように，学年が進むと作文題目を主題化したねじれ文は出現しなくなるのだが，先に述べた「原因」「理由」を主題とする文や，「〜は〜ことだ」や「〜は〜ものだ」を使わなければならない場面でのねじれ文は，中盤や終盤段階に至っても依然出現する。

(36) その中で一番大切なことは自分のタイプがあってよい自分を他人に見せてあげます。　　　　　　　　　　（15．流行）
　　⇒その中で一番大切なことは自分らしい自分のよさを他人に見せるということです。

(37) ギフトストアで買ったこの CD はそういう方法で手に入れてはありません。　　　　　　　　　　　　（17．私の愛用品）
　　⇒ギフトストアで買ったこの CD はそういう方法で手に入れたものではありません。

以上，作文に出現したねじれ文のタイプと出現状況について述べた。その要点を以下にまとめて示す。

(ア) ねじれ文は 1 年生後期から 2 年生後期までに数多く出現し，3 年生以降は減少するものの，4 年生後期まで散発的な出現が続く。

(イ) ねじれ文で最も多いのは「原因」「理由」を主題として述べる文である。この種の誤用は 4 年生後期に至ってもなくならない。

(ウ) ねじれ文で次に多いのは作文題目を主題とし，それがどういう事柄であるかを述べる文である。この種の誤用は学年が進み，より洗練された文章が書けるようになると出現しなくなる。

（エ）ねじれ文の中には「〜とは〜だ」「〜というのは〜ということだ」という型が習得できていないために生じたものもある。

6. 「は」と「が」の誤用

　この節では，「〜は〜だ」型，「〜が〜だ」型に関わる「は」と「が」の誤用を分析し，これらの誤用と「〜は〜だ」型，「〜が〜だ」型の習得との関連について考察する。

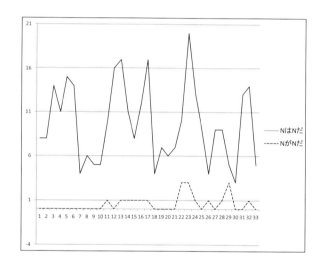

図2　「NはNだ」型と「NがNだ」型名詞述語文の出現状況

　図2は「NはNだ」型と「NがNだ」型の調査ごとの出現状況を示したものである。この図が示すように，「NはNだ」型の名詞述語文は調査1回目から数多く出現し，回によって変動はあるものの，最終回までコンスタントに現れる。

　それに対し，「NがNだ」型は，日本語を学び始めて1年半が経過した2年生後期の11回目，すなわち初級文法の指導がほぼ終わる段階になって初めて出現し，それ以降は散発的な出現はあるものの，その頻度は非常に限られている。また，**4.1**で述べたように，日本語母語話者の

「NがNだ」型の使用に比べて，今回の調査での「NがNだ」型の使用はきわめて少ないと言える。

これらのことから，学習者は「NがNだ」型を学習した後でも，その使い方が十分身についておらず，そのために使用を控える「非用」の現象が起こっているものと思われる。

一方，次の図3は名詞述語文における「は」と「が」の誤用の発生状況を示したものである。

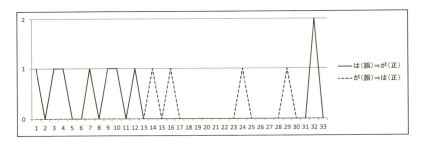

図3 「は（誤）⇒が（正）」と「が（誤）⇒は（正）」の出現状況

興味深いのは，「は（誤）⇒が（正）」の発生と「が（誤）⇒は（正）」の発生が相補分布をなしているかのように見える点である。

まずは，「は（誤）⇒が（正）」の誤用に着目する。この種の誤用は1回目から出現し，12回目まで比較的コンスタントに発生している。しかし，それ以降しばらく中断し，最終回に近い32回目になって再度2回の出現が観察される。

一方，「が（誤）⇒は（正）」の誤用は，初期の段階では現れず，2年生後期半ばの14回目で初めて出現し，それ以降4年生前期の29回目まで散発的に計4回の出現が観察される。

このような現象が起こった背景には，以下の事情が想定できる。すなわち，初期の段階では名詞述語文の無標の型である「～は～だ」型しか習っておらず，「～が～だ」型が未習であるために，文脈から「～が～だ」型を使わなければならない場面でもその型を使うことができない。

そのため学習者は，既習の文型である「～は～だ」型を使うしかない状況にある。「は（誤）⇒が（正）」の誤用という不適切な文型使用が初期の段階に集中して発生しているのは，以上のような事情があるのではないかと思われる。また最終回に近い32回目でしばらく現れなかった誤用が再度出現していることは，「～は～だ」型になおかつ克服できない問題が潜んでいることを物語っている。

一方，「～が～だ」型の名詞述語文については，すでに述べたように2年生後期にならないと出現せず，「～が～だ」型の使用全21回の出現のうち誤用が4回で19%を占める。これは，「～は～だ」型の誤用の比率が2%（384回のうち9回）であるのと比べると，非常に高い誤用率であると言える。

以下においては，用例を観察しながらこれらの誤用の原因をさらに詳しく考察することにしたい。まず，「は（誤）⇒が（正）」の誤用で多く出現する以下のタイプを検討する。

(38) （朝から夜寝るまでの一日の出来事を紹介した後の結びの文）
それは<u>私の一日</u>です。　　　　　　　　（1. 私の一日）

(39) （父と一緒に世界旅行をしたいという夢を述べた後で）それは<u>私の夢</u>です。　　　　　　　　（4. 私の夢）

(40) （高校時代には日本語を勉強せず，大学に入って勉強を始めたことを述べた後で）それは<u>私と日本語の出会い</u>です。
　　　　　　　　　　　　　　　（10. 私と日本語の出会い）

これらの用例は下線部の名詞述語「～だ」の部分に，作文題目の語句がそのまま用いられているもので，すべてが作文の結びの部分で用いられている。これはちょうど，前節で観察した誤用，すなわち，作文題目を主題とするねじれ文と対照的な動機で用いられ，その構造も対照的な形をなしているものである。すなわち，作文題目を主題とするねじれ文は，作文の冒頭で題目を主題とした文を書こうとして生じる誤用であり，その構造は「［作文題目］は～」という形をなしている。一方，(38)～(40)は，作文の結びの部分でこれまでに述べたことと作文題目とを結びつけようとして生じる誤用であり，その構造は「～は［作文題

目］だ」という形をなしている。

　作文題目を主題とするねじれ文を「書き起こしの誤用」と呼ぶなら，(38)～(40)タイプの誤用は「結びの誤用」と呼ぶことができる。書き起こしの誤用は，日本語母語話者児童にも多数観察されることがこれまで多くの研究で指摘されている。一方，結びの誤用は松崎史周氏によると，氏の集めた母語話者児童・生徒の作文に観察されなかったという。この種の誤用は日本語学習者に特有のものだろうと思われる。

　結びの誤用は「は（誤）⇒が（正）」の誤用9例のうち，5例と最多を占めている。

　興味深いのは，この種の誤用の出現が10回目までは観察されるが，「～が～だ」型の名詞述語文の出現が始まる11回目以降は観察されなくなるということである。このことは，「～が～だ」型の習得が進めば結びの誤用がなくなるということの現れである可能性がある。その傍証として，17回目に出現した以下の文を挙げることができる。

　（41）　だから，テニスのラケットが私の愛用品だ。
　　　　　　　　　　　　　　　　　　　　（17. 私の愛用品）

　この文は「～が～だ」型の述語に作文題目を位置づけており，結びの文として正しい形を作り上げている。このような文はこの1例だけなので，確実なことは言えないが，「～が～だ」型の習得が結びの誤用の「は（誤）⇒が（正）」を減少させている可能性は否定できないだろう。

　一方，結びの誤用以外の「は（誤）⇒が（正）」の誤用例は，次に示すように，「は」から「が」への修正のほかに，主語名詞と述語名詞の語順を変えた「～は～だ」型への修正というオプションも可能である。

　（42）　私は真面目に勉強するのは一番大切なことです。
　　　　　　　　　　　　　　　　　（9. 大学生活に期待すること）
　　　　　⇒私にとって，真面目に勉強するのが一番大切なことです。
　　　　　／私にとって，一番大切なことは真面目に勉強することです。
　（43）　（大学に入ってからは自由を楽しめると語った後で）それはいわゆる若者の言った青春というものだ。

(32. 大学生の恋愛観)
⇒それがいわゆる若者の言う青春というものだ。／若者の言う青春とはそういうものだ。

以上の例は，先行文脈で述べた情報を受けて，その情報に新しい内容を付け加える「〜は〜だ」型と，相手に伝えたい情報を文頭で伝えることによってその情報を読み手に印象づける「〜が〜だ」型の使い方に習熟していないために生じた誤用で，情報の流れに関わる誤用であると言える。この種の「は（誤）⇒が（正）」の誤用は4年生後期になっても出現する。図3の32回目に見られる誤用はこのタイプである。

次に，「が（誤）⇒は（正）」の誤用を示す。データからは4例出現したが，そのうちの2例を示す。

(44)　(親よりも話がしやすい友達とは仲がよくなると述べた後で)私は一番仲がいい友達が中学校のだ。　　　　(14. 友情)
⇒私の一番仲がいい友達は中学の時の友達だ。

(45)　(雑誌でおもしろい記事を読んだと述べた後で)新しい知識を学ぶのが嬉しいことだ。　　　　(24. 私の愛読書)
⇒新しい知識を学ぶのは嬉しいことだ。

(44)では友達と仲がよくなること，(45)では雑誌でおもしろい記事を読んだことが先行文脈で語られ，そのような先行文脈から類推される情報を主語名詞で述べている。先行文脈で述べられたことや，そこから類推されることを受けて，それについて何か新しい情報を加えるときは，「〜は〜だ」型を使う必要があるのだが，上の例はこのような使い方に習熟していないために誤って「〜が〜だ」型が用いられたものである。

以上，名詞述語文の主語名詞に伴う「は」と「が」の誤用と名詞述語文の習得について考察した。以下にまとめを示す。

(ア)　入門期の段階では「〜は〜だ」型しか習っておらず，「〜が〜だ」型が未習であるために，文脈から「〜が〜だ」型を使わなければならない場面でも「〜は〜だ」型を使ってしまう。

(イ)　「は（誤）⇒が（正）」の誤用で一番多いのは，結びの部分で作文題目の語句を述部に用いる「結びの誤用」である。この

種の誤用は「〜が〜だ」の習得が進むと解消することが予想される。
(ウ) 先行文脈で述べた情報を受けて新しい内容を付け加える「〜は〜だ」型と，伝えたい情報を文頭で伝えることでそれを読み手に印象づける「〜が〜だ」型の使い方に習熟していないために「は（誤）⇒が（正）」の誤用が生じる。この種の誤用は学年が進んでも解消しない。
(エ) 「が（誤）⇒は（正）」の誤用は，入門期には現れず，「〜が〜だ」型の名詞文を使い始める2年生後期の後半以降に出現し，4年生後期まで散発的に現れる。
(オ) 「〜が〜だ」型は「〜は〜だ」型に比べ誤用の比率が高い。

7. 日本語教育への示唆

　この論文の調査から，重点的な指導項目ではないのに比較的容易に習得できる「Nだ」のような名詞述語文がある一方で，重点的な指導項目とならないためになかなか習得できない「NがNだ」のような名詞述語文があることが明らかとなった。また，習得が進めば解消する誤用（書き出しと結びの誤用）と，習得が進んでも解消しない誤用（原因や理由を主題にする誤用や，伝えたい内容を文頭に述べて印象づける文の誤用など）があることも確認できた。

　このことから，指導に力を入れなくても習得できる項目については，モデル会話でさりげなく提出する程度の扱いで十分だろうし，習得が進めば解消する誤用については，誤用が生じたとしてもさほど気にすることはないということが言える。一方，学年が進んでも習得しにくい文型や，解消しにくい誤用については，その項目の難易度に即した適切な学習段階で，重点的な指導項目として取りあげる必要がある。例えば，「〜が〜だ」型の名詞述語文の場合は，この論文のデータでは調査11回目が初出で，14回目から誤用が生じ始めていることから，初級文法の指導がほぼ終わった段階あたりで指導項目として取りあげる必要があるように思う。

その際，文型の意味や機能を説明し，使い方の原理を理解させようとしても，いたずらに学習者を混乱させるだけだろう。それよりは，「～がその原因だ」や「原因は～にある」など，よく使われる表現を「文型」として取りあげて指導するのが有効だと思われる。
　この種の文型として取りあげたい名詞述語文には以下のものがある。
1. 原因や理由を表す文型
2. 「夢」や「希望」など抽象的な名詞の内容を表す文型
3. 「とは…ということだ」など，語の意味解説や定義を行う文型
4. 「…する予定だ」「…する見込みだ」など，助動詞に近い文型
5. 「…が最も重要だ」「…が私の言いたいことだ」など，「…」を印象づける文型

　また，安部朋世・橋本修（2014）は，抽象的な名詞の内容を表す場合でも，名詞述語文で表現すると不自然になるものがあることを指摘している。
　　（46）？その素材の性質は，薄く伸ばしても強度が保たれることだ。
　　　　　⇒その素材には，薄く伸ばしても強度が保たれるという性質がある。
　この種のタイプのものも含めて，日本語教育に必要な名詞述語文の文型を整理する作業が必要である。

付記
　この論文は，国立国語研究所機関拠点型基幹研究プロジェクト「日本語学習者のコミュニケーションの多角的解明」の研究成果の一部である。

調査資料
『LARP at SCU 第二版』台湾国科会専題研究計画「台湾日文系学生日語習得縦断式研究」（http://web-ch.scu.edu.tw/japanese/web_page/3936）
『現代日本語書き言葉均衡コーパス』中納言，ver. 1.1.0，国立国語研究所，2011.（https://chunagon.ninjal.ac.jp/）

引用文献

浅山佳郎（2013）「名詞述語文と形容動詞述語文における「ガ」名詞句」『獨協大學日本語教育紀要』9，pp. 41–53，獨協大学大学院外国語学研究科日本語教育専攻.

安部朋世・橋本修（2014）「いわゆるモナリザ文に対する国語教育学・国語学の共同アプローチ」『全国大学国語教育学会発表要旨集』126，pp. 273–276，全国大学国語教育学会.

伊坂淳一（2012）「中学生の日本語表現における文法的不適格性の分析」『千葉大学教育学部研究紀要』60，pp. 63–71，千葉大学教育学部.

内田安伊子・瓜生佳代（1996）「母語発達と文のねじれとの関連―「‥‥は＋述部」の構造を持つ文について―」『言語文化と日本語教育』12，pp. 89–92，お茶の水女子大学日本言語文化学研究会.

奥津敬一郎（1978）『「ボクハウナギダ」の文法―ダとノ―』くろしお出版.

新屋映子（2014）『日本語の名詞指向性の研究』ひつじ書房.

砂川有里子・清水由貴子（2017）「台湾の大学生による名詞述語文の習得状況―日本語学習者作文コーパス LARP at SCU と教科書の調査に基づいて―」，江田すみれ・堀恵子（編）『習ったはずなのに使えない文法』pp. 1–24．くろしお出版.

松崎史周（2015）「中学生の作文に見られる「主述の不具合」の分析―出現傾向から学習者の表現特性を探る―」『解釈』61(5・6)，pp. 12–20，解釈学会.

矢澤真人（2013）「国語教育と日本語研究の新しいかかわり方を求めて」『月刊国語教育研究』490，pp. 10–15，日本国語教育学会.

第4部

学習者コーパスによるバリエーション研究

話すタスクと書くタスクに見る
日本語のバリエーション
―日本語学習者コーパス I-JAS の分析に基づいて―

迫田久美子

1. はじめに

　この論文は，現在，構築が進められている多言語母語の日本語学習者横断コーパス（International corpus of Japanese as a second language，以下 I-JAS）のデータを用いて，話すタスクと書くタスクにおける学習者の言語使用の変化について検討する。

　具体的には，「学習者が同じ材料を使って話すタスクと書くタスクを行った場合，言語形式の複雑さや正確さに違いが見られるのか」「母語の異なる学習者のデータには，複雑さや正確さにおいて母語の影響が見られるのか」の 2 つの問題を検討する。

　分析対象は，I-JAS に含まれる 12 の異なる言語を母語とする 180 名の日本語学習者のストーリーテリングとストーリーライティングのタスクのデータである。前者は，5 コマの絵を見て作ったストーリーを話すタスクであり，後者は，同じ絵を用いて，ストーリーを書くタスクである。これらのタスクで得られたデータの「受身」「〜てしまう」「有対自他動詞」「助詞」の 4 つの文法項目の言語使用を分析した。特に，5 コマの絵の特定場面の描写で，学習者が「受身」や「〜てしまう」を使用するかどうか，話すタスクと書くタスクで「有対自他動詞」や「助詞」の誤用に変化があるかどうかに焦点を当てて，分析を行った。

　この論文では，データの分析から明らかになった（1）〜（3）について述べる。

（1） 書くタスクでは，話すタスクより「受身」「～てしまう」が多く使用される傾向があり，タスクの違いによって言語形式に差が見られた。

（2） 話すタスクで誤用だった「有対自他動詞」や「助詞」は，書くタスクで正用に転じる場合もあるが，誤用のままであったり，正用から誤用に転じる場合も見られたり，話すタスクに比べて，考える時間のある書くタスクがより正確な形式を産出するとは限らなかった。

（3） 「有対自他動詞」「助詞」の誤用傾向には，母語の違いによる大きな差異は見られなかった。さらに，「受身」「～てしまう」のデータも含めると，今回の分析結果からは母語の影響の有無について言及することはできなかった。

2. タスクと言語使用に関する第二言語習得研究

2.1 タスクの種類の違い

Tarone（1983）は，さまざまなタスクの違いによって，払われる注意量が異なることに注目し，タスクによって学習者の言語使用にバリエーションが現れることを示した。

日常的なスピーチのようにあまり注意を払わない言語使用とテストのような注意を払って行う文法性判断テストの場合では，同一の学習者であってもその言語使用が異なることが示され，タスクに対する注意量が中間言語に影響すると述べた。

日本語学習者を対象としてタスクの違いの影響について論じた研究がある。大神智春（1999）は，中国語母語話者を対象として誤用の訂正を含む文法性判断テスト，正しい活用形を記入する完成テスト，選択肢テストの3つの異なるタスクを実施し，タスクの種類によって正答率に違いがあることを明らかにした。

2.2 タスクの実施方法の違い

日本語学習者を対象として，話すタスクと書くタスクの中間言語の

バリエーションを調べた研究がある。奥野由紀子・リスダ，ディアンニ（2015）は，I-JASの公開前の言語データからインドネシア語，英語，ドイツ語，タイ語，中国語を母語とする日本語学習者15名ずつ，計75名を抽出し，絵の描写タスクを分析した。5つの異なる母語の学習者の結果には，母語による違いは見られず，話すタスクよりも書くタスクにおいて「受身」や「〜てしまう」の言語使用が多く見られ，タスクの実施方法の違いが言語形式の複雑さに影響する可能性を示唆している。

奥野由紀子（2017）は，奥野由紀子・リスダ，ディアンニ（2015）の研究をさらに進め，中国語，英語，ドイツ語，タイ語，ハンガリー語，スペイン語，フランス語の異なる7言語を母語とする学習者のデータを対象に特定場面の描写の分析を行った。その結果，母語の違いにかかわらず見られた共通点として，話すタスクには単純な形式（例「犬が食べた」）が多く現れ，書くタスクにはより複雑な言語形式（例「犬に食べられてしまった」）が現れたことを挙げている。さらに，母語の影響に関しては，他の言語の話者に比べ，中国語話者に「受身」が多く使用されている点に注目し，その可能性について論じている。

2.3 タスクの準備時間の違い

準備時間の異なるタスクの結果を比較して，プランニングの影響を明らかにしようとする研究がある。プランニングとは，言語の産出計画であり，話すタスクでは，即座に発話するため，産出計画が立てられない。一方，書くタスクでは，時間制限を与えないで書く作業なので，内容や形式を考えながら産出できる。産出計画の準備時間の有無でいえば，即座に話すタスクはノー・プランニング，考えながら産出する場合は，オンライン・プランニングと考えられ，プランニングの時間があると言語形式が複雑になったり，正確さが増すという結果が報告されている（Crookes（1989），Skehan and Foster（1997），Yuan and Ellis（2003））。

Yuan and Ellis（2003）は，6コマの絵を見て物語を作るというタスクを3群に分けて行った。第1グループは，絵を見せて制限時間5分間の準備なしでタスクを実施するノー・プランニング群（NP），第2グ

ループは，絵を事前に10分間見せて，その後絵について物語を作るプリ・タスク・プランニング群（PTP），第3グループは，準備なしで絵を見せ，時間制限を与えずに考えながら物語を作るオンライン・プランニング群（OLP）である。実験は，各群14名ずつの計42名の中国語を母語とする英語学習者を対象に口頭産出によって行われた。調査の結果，PTPとOLPは，NPよりも統語的に複雑な構文を使って発話していることがわかった。また，文法の正確さは準備なしで，制限時間5分のNPに比べ，時間制限がなく考えながら話すOLPが有意に成績が高かった。つまり，準備時間や時間制限の有無は，構文の複雑さと正確さに影響を与える可能性が高いことがわかった。

以上，先行研究を述べてきたが，多くの研究では対象とする母語の数や学習者の人数が多いとはいえ，分析項目も限られていた。そこで，この論文では複雑さと正確さの観点から，4つの文法項目を分析対象とし，12の異なる母語の日本語学習者の話すタスクと書くタスクのデータを分析する。

3. 分析調査の概要
3.1 学習者コーパス I-JAS

今回使用するデータ I-JAS については，迫田久美子ほか（2016）に調査やデータの詳細が報告されている。このコーパスには，調査者と対面で行うタスクとして「ストーリーテリング」「日本語母語話者との対話」「ロールプレイ」「ストーリーライティング」が含まれている。この論文では，話すタスクとして「ストーリーテリング」，書くタスクとして「ストーリーライティング」を取り上げ，それらのデータを分析対象とする。

3.2 分析調査の対象

この論文で分析対象としたのは，I-JAS の第一次公開の海外で学ぶ日本語学習者各15名，計180名のデータであり，彼らの母語の12言語は，インドネシア語（尼），英語（英），韓国語（韓），スペイン語（西），

タイ語（泰），中国語（中），ドイツ語（独），トルコ語（土），ハンガリー語（洪），フランス語（仏），ベトナム語（越），ロシア語（露）である。

それぞれの母語別の学習者の日本語能力テスト（J-CAT と SPOT）の結果は，表1の通りである。テスト得点についてそれぞれ一要因分散分析を行った結果，有意な差が見られなかったことから，各グループが等質であると考えられる（J-CAT（F(11,168)=1.72, p=.074），SPOT（F(11,168)=1.48, p=.145）。

表1　母語別グループの15名の日本語能力テストの平均点

	尼	英	韓	西	泰	中
J-CAT	209	210	211	189	211	211
SPOT	67	69	72	64	68	70
	独	土	洪	仏	越	露
J-CAT	210	210	210	189	213	211
SPOT	70	69	69	66	65	70

3.3　話すタスクと書くタスク

この論文で扱う話すタスクと書くタスクで使用した材料は，奥野由紀子・リスダ，ディアンニ（2015），奥野由紀子（2017）と同様の5コマの絵である（次ページの図1参照）。話すタスクの課題「ピクニック」では，学習者に5コマの絵を見せ，ストーリーの内容が理解できることを確認後，最初の一文「朝，ケンとマリはサンドイッチを作りました」に続くストーリーを話すように指示される。

対面調査の流れは次の通りである。最初に話すタスクの2つの課題（「ピクニック」「鍵」）が行われ，その後，対話30分，ロールプレイ課題（「依頼」「断り」）が行われる。最後に，書くタスクとして，最初の話すタスクと同一の5コマの絵を見て，パソコンに自分で考えたストーリーを入力する。特に制限時間は設けず，考えながら書くように指示される。

図1　タスク課題「ピクニック」

4. 分析調査の結果

2つのタスクのデータを基に，言語形式の複雑さの観点から「受身」や「〜てしまう」が使用されるかどうかを分析し，正確さの観点から「有対自他動詞」と「助詞」の誤用と正用の変化を分析する。

4.1 「受身」と「〜てしまう」の使用

表2（次ページ）は，話すタスク（S）と書くタスク（W）における「受身」と「〜てしまう」を使用した人数を比較したものである。話すタスクと書くタスクで，5コマの最後の場面の絵に対し，同じ表現を使用したか，表現に変化があったかを調べた。分類方法は，次の通りである。

「犬がサンドイッチを食べた（食べる）」は，「Vた・る」に，「犬が〜食べてしまった」は「Vてしまった」，「犬に〜食べられた」は「Vられ

た」,「犬に〜食べられてしまった」は「Vられてしまった」に分類し,それ以外の表現(例「食べ物はありません」)は「その他」とした。網かけ部分は,SよりWの数値が高くなっている場合を示す(「その他」は除く)。

表2　言語別の話すタスク(S)と書くタスク(W)での使用(人数)

	尼		英		韓		西		泰		中	
	S	W	S	W	S	W	S	W	S	W	S	W
Vられてしまった	3	5	1	4	0	1	0	0	0	4	2	1
Vられた	3	3	1	0	1	0	0	0	4	3	8	11
Vてしまった	6	6	8	7	8	8	10	12	8	8	0	0
Vた・る	0	0	5	2	4	3	5	2	3	0	2	2
その他	3	1	0	2	2	3	0	1	0	0	3	1

	独		土		洪		仏		越		露	
	S	W	S	W	S	W	S	W	S	W	S	W
Vられてしまった	1	3	2	0	0	1	1	0	2	5	1	1
Vられた	1	0	1	2	1	1	0	4	2	1	2	5
Vてしまった	10	10	5	3	11	10	8	7	6	4	5	4
Vた・る	3	1	6	7	2	2	4	4	4	2	6	3
その他	0	1	1	3	1	1	2	0	1	3	1	2

表2から,多くの言語話者においてSとWで数値の違いが見られ,2つのタスクで同じ表現を用いているとは限らないことがわかる。さらに,網かけ部分を見ると,「Vられた」や「Vられてしまった」のような複雑な表現がSよりもWで多くなっていることがわかる。しかし,この結果からだけでは同一学習者内で受身や「〜てしまう」の使用に変化が見られたかどうかは不明である。

表3は,異なった言語話者の個人別にSとWの変化を示したものである。表内のIDは,各学習者の識別を表す記号で,最初の3文字は言語と地域を示している。例えば,「IID46」は,インドネシア語(I)と国名インドネシア(ID)の46番の学習者であることを示す。表内のゴシッ

ク太字部分は変化した部分を示している。

表3　同一の学習者におけるSとWの言語形式の変化

言語	ID	S（話すタスク）	W（書くタスク）
尼語	IID46	もうなくなりました	食べられてしまいました
英語	EAU31	食べてしまいました	食べられてしまいました
韓国語	KKD26	すべてを食べる後です	全部食べてしまいました
西語	SES41	ぜんぶ犬は食べました	全部食べてしまいました
泰語	TTH19	全部食べました	食べられてしまいました
中国語	CCM28	犬に食べました	犬に食べられました
独語	GAT12	犬は食べてしまいました	食べられてしまいました
土語	TTR35	食べられてしまいました	食べてしまいました
洪語	HHG30	食べ物はなくなりました	食べられてしまいました
仏語	FFR24	全部食べました	全部食べてしまいました
越語	VVN40	食べてしまいました	食べられてしまいました
露語	RRS57	食べてしまいました	食べられていました

　表3を見ると，多くの学習者でSよりWは形態素が増えて，「食べました」から「食べられました」「食べてしまいました」，さらに「食べられてしまいました」の形式が見られる。Sの方がWよりも複雑な形式を用いているTTR35のような例や，「食べてしまいました」から「食べられていました」のように表現が変わったRRS57のような例も見られたが，概ねWの方がSよりも複雑な形式を用いていることがわかる。
　表2と表3から，次のことがいえる。
　　a) 母語にかかわらず，話すタスクよりも書くタスクにおいて，「受身」や「～てしまう」が使用され，より複雑な表現を用いる傾向が見られた。
　a)の結果から，書くタスクでは「受身」や「～てしまう」の使用が増え，タスクの違いが言語の複雑さに影響を与える可能性があるといえる。

4.2　「有対自他動詞」と「助詞」の使用
　話すタスクと書くタスクの違いは，正確さにも影響を与えるのだろう

か。学習者の両方のデータから「有対自他動詞」と「助詞」を抽出し，ほぼ同じ表現が使用されている箇所の正用と誤用の変化を調べた。それぞれのタスクで，「有対自他動詞」と「助詞」の使用が共に正用の場合は○，誤用が見られた場合は×，「有対自他動詞」が使用されていない場合や両タスクのどちらかでしか使用されていない場合，また正誤の変化が記述できない場合は「対象外」とした。

以下，表4，5，6は，同一学習者の「有対自他動詞」と「助詞」のSとWにおける誤用と正用のデータである。読みやすさのために，言い淀みやくり返しなどは削除して転記し，当該項目には下線を引き，誤用はゴシック太字で示した。

表4 Sの正用がWで誤用に転じた場合【S: ○，W: ×】

「有対自他動詞」の例　フランス語話者（FFR07）

S（話すタスク）	W（書くタスク）
まずはマリがパンを切りました，それがケンさんはその終わったサンドイッチをバスケットにはい，**入れました**，―略―見てる時その犬がそのバスケットに<u>入って</u>しまった―略	ますはまりさんはパンを切ってサンドイッチを作ります。ケンさんはりんごとサンドイッチをバスケットに**入り**（→入れ）ました。―略―犬がバスケットに**いれ**（→入って）しまいました。

「助詞」の例　スペイン語話者（SES06）

S（話すタスク）	W（書くタスク）
ピクニックのかばんを持って行きます，でもその<u>中に</u>犬がいました	カバンの**中に**（→で）―略―全部食べてしまいました。

表5 Sの誤用がWで正用に転じた場合【S: ×，W: ○】

「有対自他動詞」の例　ベトナム語話者（VVN51）

S（話すタスク）	W（書くタスク）
前略―ケンさんは，がバスケットのかごの蓋を開けたら，突然バスケットの中から犬が**出して**（→出て）二人はとってもびっくりしました，バスケットの中に，中を見て食べ物は全部犬に―略	前略―ケンは昼ごはんを食べたいので，バスケットを開けました。しかし，突然バスケットから，犬が<u>出て</u>しまいました。二人はとてもビックリでした。残念なのは，食べ物は犬に全部食べられ―略

「助詞」の例　インドネシア語話者（IID06）

S（話すタスク）	W（書くタスク）
ケンとマリは地図を見ると，犬がバスケット**を**（→に）入りました	地図を見るとき，犬がバスケット**に**入りました。

表6　両タスクで誤用のまま修正されなかった場合【S: ×，W: ×】

「有対自他動詞」の例　中国語話者（CCM32）

S（話すタスク）	W（書くタスク）
彼らはサンドイッチをバスケットに**はいた**（→入れた）時に犬が，犬に見られました，彼はちずを読んでいた時に犬がバスケットに入った―略	二人はサンドイッチをバスケットに**入る**（→入れる）時に犬に見られました。犬は二人がどこを選んでピクニックをしてか地図を見るときにこっそりバスケットに入って隠しました。

「助詞」の例　ロシア語話者（RRS30）

S（話すタスク）	W（書くタスク）
バスケットの中**に**（→を）見て，そこにサンドイッチはあまり，残っていない，そうでした―略	バスケットの中**に**（→を）見て料理の残りしかみつけなかったかわいそうなケンさんとマリさん。

　これらの誤用と正用の変化の人数を言語別に表したのが表7（次ページ）である。

　「自」は「有対自他動詞」，「助」は「助詞」を表し，それぞれのパターンの人数を示している。Sで誤用だった項目がWで正用になるパターンS×W○，Sの誤用がWでも誤用のままのパターンS×W×の結果部分を網かけで示した。表7を見ると，「助詞」の方が「有対自他動詞」よりも誤用を産出する人数が多いが，これは「有対自他動詞」に比べて「助詞」の使用頻度が多いことに起因すると考える。

　表7の網かけ部分を見ると，「有対自他動詞」も「助詞」もSでの誤用がWで正用になっているパターン（S×W○）は多くないことがわかる。一方，Sの誤用がWでも誤用のままのパターン（S×W×）の人数が，正しく修正されたパターン（S×W○）に比べると多い。どの言語話者の結果を見ても，誤用の変化に関して母語によって違いがある

話すタスクと書くタスクに見る日本語のバリエーション　161

可能性は低いと判断される。

表 7　「有対自他動詞」と「助詞」の S と W の正誤の変化（人数）

	尼		英		韓		西		泰		中	
	自	助	自	助	自	助	自	助	自	助	自	助
S○W○	13	6	13	2	13	4	10	1	11	9	10	2
S○W×	0	2	0	2	0	0	0	1	1	0	3	0
S×W○	0	1	0	1	0	0	1	4	0	2	0	1
S×W×	1	3	0	7	0	3	1	3	2	4	1	2
その他	1	3	2	3	2	8	3	6	1	0	1	10

	独		土		洪		仏		越		露	
	自	助	自	助	自	助	自	助	自	助	自	助
S○W○	12	9	14	8	11	8	12	10	9	7	11	4
S○W×	1	0	0	0	0	0	2	0	0	0	1	2
S×W○	1	1	0	1	0	1	1	2	1	1	1	2
S×W×	1	1	1	3	3	0	0	1	2	3	0	3
その他	0	4	0	3	1	6	0	2	3	4	2	4

　表 8 は，12 言語話者のデータを合計して，誤用に関するパターン別の結果を人数と割合で表したものである。表 7 と表 8 から，「有対自他動詞」でも「助詞」でも，S で誤用として産出された表現は，考えながら産出する書くタスクで正しく修正されて使用される（S×W○）よりも修正されずに誤用のまま残る（S×W×）傾向が高いことがわかった（網かけ部分を参照）。

表 8　2 つのタスクにおける誤用の変化（人数と割合）

	有対自他動詞	助詞
S○W×	8（32%）	7（12%）
S×W○	5（20%）	17（30%）
S×W×	12（48%）	33（58%）
合計	25（100%）	57（100%）

さらに、「有対自他動詞」ではSで正用だったがWで誤用に転じてしまうパターン（S○W×）の割合も高く、話すタスクよりも書くタスクが必ずしも正確さに影響を与えるとは断定できない。表9に、SでもWでも修正されなかった「有対自他動詞」と「助詞」の誤用例を示す（誤用部分は下線を引き、ゴシック太字）。表6の例も含め、母語が異なる学習者から同種の誤用が産出されていることがわかる。

表9　修正されないままの「有対自他動詞」と「助詞」の誤用例

「有対自他動詞」の例　インドネシア語話者（IID22）

S（話すタスク）	W（書くタスク）
りんごとかパンをバスケットに**入ってます**（→入れます）	りんごやパンもバスケットに**入ります**（→入れます）。

「有対自他動詞」の例　トルコ語話者（TTR14）

S（話すタスク）	W（書くタスク）
（ケンさんとマリさんは食べ物を）バクス（ボックス）の中に**いって**（入って？）（→入れて）	バコの中に色々な食べ物を**入りました**（→入れました）。

「助詞」の例　タイ語話者（TTH04）

S（話すタスク）	W（書くタスク）
バスケットの**中に**（→を）見て、全部の食べ物は犬に食べられ—略	バスケットの**中に**（→を）見たら、全部の食べ物は犬に食べ—略

「助詞」の例　ベトナム語話者（VVN40）

S（話すタスク）	W（書くタスク）
バスケットの**中に**（→を）見ると、犬が飛び出す、出しました	バスケットの**中に**（→を）見ると、食べ物やサンドイッチは—略

「有対自他動詞」と「助詞」に関するSとWにおける誤用の変化についてわかったことを以下にまとめる。

  a）話すタスクで誤用だった「有対自他動詞」と「助詞」が、書くタスクで正用に修正されるとは限らず、話すタスクの誤用がそのまま書くタスクでも誤用として産出されるパターンの割合が高かった。

b) 話すタスクで正用だった「有対自他動詞」と「助詞」が，書くタスクで誤用に転じるケースも見られ，タスクの違いが必ずしも正確さに影響を与えるとは限らないことがわかった。
c) 母語が異なっても「有対自他動詞」と「助詞」には同種の誤用が観察された。

4.3 結果の考察と課題

4.1 と 4.2 の結果から，話すタスクと書くタスクの違いが「受身」「〜てしまう」「有対自他動詞」「助詞」の言語使用に与えた影響について検討する。

まず，言語形式の複雑さの観点から「受身」と「〜てしまう」を取り上げる。4.1 では，両者の表現に関して，話すタスクと書くタスクには変化が見られ，話すタスクよりも書くタスクのデータに「れる・られる」や「〜てしまう」が加わって，より複雑な表現になる傾向が見られた。このことから「受身」と「〜てしまう」には，話すタスクと書くタスク，つまり，タスクの違いの影響があったと判断される。これは，奥野由紀子・リスダ，ディアンニ（2015），奥野由紀子（2017）の先行研究を支持する結果となった。

Yuan and Ellis（2003）の，時間制限を与えずに考えながら物語を作るオンライン・プランニング（OLP）の方がノー・プランニング（NP）よりも統語的に複雑な構文を使っていたという点においても同様の結果となった。事前に考える時間があったり，時間制限なく考えながらタスクを行う場合は，考える時間があまりないタスクに比べてモニターが働き，既習の知識を活用することによって構文や表現をより複雑に変化させる可能性が高いことが考えられる。

次に，言語形式の正確さの観点から，「有対自他動詞」と「助詞」を検討する。4.2 では，話すタスクでの誤用が書くタスクでも誤用として残ってしまう学習者数が正用に修正される場合より多いという結果を示した。また，話すタスクで正用だった項目が書くタスクで誤用に転じるケースも見られ，「有対自他動詞」と「助詞」については，タスクの違

いが必ずしも正確さに影響を与えるとは限らないことがわかった。奥野由紀子・リスダ，ディアンニ（2015）の「受身」「〜てしまう」の研究でも，複雑さと正確さの変化を個人内で見た結果から，必ずしも正確になるわけではなく，単純になり正確になるものや，複雑な形式をとったことによりむしろ不正確になるものもあると述べている。

　一方，Yuan and Ellis（2003）では，オンライン・プランニングの方がノー・プランニングよりも文法の正確さが有意に高いという結果が出ており，この論文とは異なる結果を示している。この論文の結果と Yuan and Ellis（2003）の結果の違いには，正確さの指標としての分析対象が異なっていることが起因していると考えられる。この論文での分析対象項目は，「有対自他動詞」「助詞」の文法項目2点であったが，Yuan and Ellis（2003）は正確さの指標として誤用のない文の数や正しい動詞活用の数を用いている。Crookes（1989）はプランニングの言語的な正確さへの影響を疑問視し，Skehan and Foster（1997）はタスクの種類によっては正確さに寄与すると述べている。先行研究においてもプランニングと正確さの関係については，議論がわかれており，一致した結論は出ていない（小柳かおる・向山陽子（2018））。

　これまで，プランニングは流暢さと複雑さに影響を与えるという先行研究の結果が多く出ている。この論文でも12言語の母語話者の「受身」と「〜てしまう」の使用に関して複雑さへの影響は見られた。しかし，正確さについては先行研究でも明確な結果は得られていない。指標として何を分析するかによって正確さの判断やその結果が異なってくることが推測される。この論文では，正確さの指標の分析対象項目として「有対自他動詞」と「助詞」を取り上げ，話すタスクと書くタスクを比較した結果，後者のタスクにおいて誤用が正用へ転じる変化が少なかったことを示した。今後，言語形式の複雑さと正確さを論じるためには，それぞれの指標の分析項目として何を取り上げるかが重要となる。

　次に，母語の影響について検討する。**4.1** の表2では，中国語話者は，話すタスクでも書くタスクでも「受身」を使用している人数が他の言語話者に比べると多く見られる。奥野由紀子（2017）の7つの異なる

言語話者の受動文の使用数（文数）の結果でも，表10のように中国語話者の受動文の数値が高いことがわかる。表の見出しの「情意表現補足数」とは，「犬はサンドイッチを全部食べましたので，ケンとマリは悲しくなりました（EAU11-書くタスク）」や「犬が入ったまま，サンドイッチとか林檎とかを食べたら残念です（GAT27-話すタスク）」の下線部の残念な気持ちを表す表現の数を示す（奥野由紀子（2017: 70））。

表10　母語による受動文・能動文別の文数（情意表現補足数）

	日	中	英	独	西	洪	仏	泰
受動文	25(10)	**19 (4)**	5 (5)	2	0	3 (2)	5 (1)	10 (2)
能動文	4 (1)	**11 (2)**	25(16)	28 (7)	30 (4)	27(17)	25(13)	20 (2)

（奥野由紀子（2017: 70），ゴシック太字は筆者）

　奥野由紀子（2017）は，I-JASの図1のストーリー描写の5コマ目では，被害を表す場面なので，中国語話者にとっては母語の中国語において受動文を用いることがより自然であるとして，母語の転移の可能性を指摘している（奥野由紀子（2017: 73））。奥野由紀子（2017）はデータを文数で，この論文では，使用人数で分析しているという違いがあるが，この論文でも「受身」を使用している中国語話者が他の言語話者に比べると多いことがわかる。しかし，母語の影響かどうかについては，スペイン語話者，ドイツ語話者，ハンガリー語話者は「〜てしまう」の使用人数が多く，この点も検討する必要がある。

　一方，「有対自他動詞」と「助詞」の誤用の変化に関しては，母語の違いによる差がほとんど見られなかった。話すタスクから書くタスクに変わっても「有対自他動詞」「助詞」の誤用が正用に変化する傾向がどの母語の学習者にも見られなかったことにより，母語の影響の可能性については低いと推測される。奥野由紀子（2017）も言及しているが，母語の影響の有無については，さらに母語話者同士で同じタスクを実施し，検討しなければならないと考える。

　最後に，「有対自他動詞」と「助詞」の誤用が，なぜ，プランニングの時間的猶予がある書くタスクにおいても誤用のまま残るのかについ

て検討したい。Ellis (1987) の英語学習者への研究では，プランニングは動詞の規則過去「worked」などの「ed」をつけるような作業では効果があったが，不規則過去「went」にすべき場合には影響が見られなかったと報告されている。このことは，プランニングの有無の違いが影響を及ぼす項目とそうでない項目があることを示唆しており，話すタスクよりも書くタスクになると，モニターが働いて正確さが増し，単純には誤用が正用に修正されるとはいえない。

ストーリー描写のタスクで考える時間が与えられると形式を複雑にはできるが，「中に（→を）見ると」「サンドイッチをバスケットに入って（→入れて）」のような「に・を」の違い，「入る・入れる」の使い分けは難しく，英語の不規則過去の単語と同様に語彙の1つとして覚えている可能性が推測される。

さらに，12言語の母語の日本語学習者の「有対自他動詞」や「助詞」の使用には，「入る・入れる」，「出る・出す」，「開く・開ける」や多くの助詞が使用されていたが，**4.2**の表4〜6および表9に示されたように，学習者は使い分けの規則に基づいて使用しているというより，「有対自他動詞」のどちらか一方の動詞や助詞を偏って用いたり（中石ゆうこ(2005))，名詞と助詞の固まりで覚えたり（迫田久美子(2002)）している傾向が見られる。

5. おわりに

この論文の目的は，話すタスクと書くタスクとで，タスクの違いが言語産出に影響を与えるか，言い換えれば，プランニングの有無が影響するか，また，それは母語によって違いが見られるかを調べることであった。その結果，以下の3点が明らかになった。

(4) 話すタスクより書くタスクの方が「受身」や「〜てしまう」の使用が多く，「食べた」から「食べられた」「食べてしまった」のように言語形式が複雑になる傾向があり，プランニングの影響が見られた。

(5) 「有対自他動詞」や「助詞」に関して，話すタスクの誤用が

書くタスクで必ずしも正用に変化するとはいえず,誤用のまま残る割合が高く,プランニングの影響があるとはいえなかった。
(6) 「有対自他動詞」「助詞」の誤用傾向には,母語の違いによる大きな差異は見られなかった。しかし,「受身」「〜てしまう」のデータも含めると,母語の影響の可能性を否定することは難しく,今回の分析結果からは母語の影響の有無について詳細に言及することはできなかった。

　この論文では,4つの文法項目によってタスクの違いが学習者の言語形式の複雑さと正確さに影響を与えるかどうかを分析した。今後は先行研究の指標例も含め,妥当性の高い指標を分析対象として検討し,プランニングも時間や方法の条件を増やして,さらなる調査を行う必要がある。また,今回は母語の影響について十分に論じることができなかった。この点については,同じ絵による同じタスクを母語話者同士に母語で実施し,その表現を比較して改めて母語の影響の有無について論じたい。

付記

　この論文は,国立国語研究所機関拠点型基幹研究プロジェクト「日本語学習者のコミュニケーションの多角的解明」および JSPS 科研費 16H019344 の研究成果である。

調査資料

『多言語母語の日本語学習者横断コーパス(I-JAS)』,国立国語研究所.(http://lsaj.ninjal.ac.jp/)

引用文献

大神智春(1999)「タスク形式の違いによる中間言語の可変性」『第二言語としての日本語の習得研究』3,pp. 94–110,第二言語習得研究会.
奥野由紀子(2017)「日本語学習者に共通してみられる現象と母語による違い—I-JAS におけるストーリー描写課題の分析より—」『日本語教育連絡会議論文集』30,pp. 67–75,日本語教育連絡会議事務局.
奥野由紀子・リスダ,ディアンニ(2015)「「話す」課題と「書く」課題に見られ

る中間言語変異性―ストーリー描写課題における「食べられてしまっていた」部を対象に―」『国立国語研究所日本語論集』9，pp. 121-134，国立国語研究所．
小柳かおる・向山陽子（2018）『第二言語習得の普遍性と個別性』くろしお出版．
迫田久美子（2002）『日本語教育に生かす第二言語習得研究』アルク．
迫田久美子・小西円・佐々木藍子・須賀和香子・細井陽子（2016）「多言語母語の日本語学習者横断コーパス（International corpus of Japanese as a second language）」『国語研プロジェクトレビュー』6-3，pp. 93-110，国立国語研究所．
中石ゆうこ（2005）「対のある自動詞・他動詞の第二言語習得研究―「つく‐つける」「きまる‐きめる」「かわる‐かえる」の使用状況をもとに―」『日本語教育』124，pp. 23-32，日本語教育学会．
Crookes, Graham (1989) Planning and interlanguage variation. *Studies in Second Language Acquisition* 11. pp. 367-383.
Ellis, Rod (1987) Interlanguage variability in narrative discourse: Style in the use of the past tense. *Studies in Second Language Acquisition* 9. pp. 12-20.
Skehan, Peter and Pauline Foster (1997) Task type and task processing conditions as influences on Foreign language performance. *Language Teaching Research* 1-3. pp. 1-27.
Tarone, Elaine (1983) On the variability of interlanguage systems. *Applied Linguistics* 4-2. pp. 143-163.
Yuan, Fangyuan and Rod Ellis (2003) The effects of pre-task planning and on-line planning on fluency, complexity and accuracy in L2 monologic oral production. *Applied Linguistics* 24. pp. 1-27.

年齢と環境要因による習得プロセスの違い
― コーパスから探る習得順序 ―

橋本ゆかり

1. 研究の目的

　第2言語習得（以下，L2）研究は，元来教授法の追究を目的としていたためL2途上の大人の学習者（以下，L2大人）を対象とする研究が多いのだが，第1言語習得（以下，L1）研究で提示された普遍的な習得順序がL2においても同様に見られることが報告されている（Krashen (1987) など）。またL1とL2プロセスに現れる誤用が似ていることも指摘されている。このことから言語習得は一定の順序に沿って進んでいくものと言える。

　しかしながら，L1途上の幼児（以下，L1幼児）とL2大人の間には2つの大きな違いがある。1つは，L1かL2なのかの違い，そしてもう1つは年齢の違いである。この違いは習得順序に影響しないのだろうか。普遍的な習得順序の存在は多種類の形態素に関する調査に基づくが，1つの文法カテゴリーに焦点を当てた場合はどうであろうか。文法カテゴリーには複数のルールが相互に関連しながら存在する。そのため，1つのカテゴリーに焦点を当てて経時的に調べると，関連する知識がどのような関係性をもちながら体系を構築していくのかを探ることができる。そしてL2大人とL1幼児だけではなく，L2途上の幼児（以下，L2幼児）も含めることで，言語習得がどのように進むのかをより精密に追究できるのではないかと考える。近年，日本においてもグローバル化に伴いL2幼児が増加しているが，L2幼児がどのように習得を進めるのかにつ

いての研究はまだ少ない。

そこでこの論文では，可能形式という文法カテゴリーに絞り，L1 幼児と L2 大人に L2 幼児も含めて習得順序を比較する。もし，L1 幼児，L2 大人，L2 幼児の間に共通性と差異が混在する場合は，次のように推論することができる。習得順序の結果が図 1-a に示すように L1 幼児と L2 幼児に共通し，それが L2 大人と異なれば，その現象は年齢要因に起因し，図 1-b に示すように L2 大人と L2 幼児に共通し，それが L1 幼児と異なれば，その現象は L1 か L2 かの違いによるものと判断できるであろう。

——習得順序が共通　----習得順序が相違

図 1-a　年齢に起因する現象　　図 1-b　L1 か L2 かの違いに起因する現象

よって，この論文では，L1 幼児，L2 大人，L2 幼児の可能形式の習得順序が，年齢や L1 か L2 かの違いがあっても同じなのか，あるいは違いによって異なるのか，そしてそれはなぜなのかを明らかにする。このことを明らかにすることで，L1 幼児，L2 大人，L2 幼児それぞれの特徴を浮き彫りにするとともに，普遍的なメカニズムの解明に近づけるものと考える。

2. 研究のアプローチ

野田尚史（編）(2012) は，コミュニケーション活動の具体的な状況から出発する研究の重要性を述べている。そこで，この論文においては，学習者の使用する形式を可能という機能から経時的に辿り，その具体的な変化を捉えることで習得の段階性を探ることにする。規範の可能形式

には，動作内容を明確に示さない「できる」形式と，動作を表す部分と助動詞「られる」といった機能を表す部分を結合させた複数の形式がある。表1に示す6つの形式に分類し，質的に分析する。規範の標識を選択し，規範の結合形態を獲得するまでに学習者は逸脱した表現をする。「できる」「れる」「られる」「ことができる」といった言語要素を含む非規範の場合は，当該言語要素の形式に分類する。つまり，「しゃべられる」といった非規範の産出がなされた場合，「られる」形式に分類される。

表1　可能形式の分類

形式	形態	例
ゼロ形式	単純形	行く（行けるの意味）
「できる」形式	「できる」	できる
	「動作内容を表す漢語名詞＋できる」	勉強できる
「eる」形式	五段動詞の可能形である可能動詞	書ける
「れる」形式	「五段動詞の語基＋れる」	行かれる
	「一段，カ変動詞の語基＋れる」（ラ抜き）	見れる
「られる」形式	「一段，カ変動詞の語基＋られる」	食べられる
「ことができる」形式	「動詞ル形＋ことができる」	行くことができる

3. L1幼児の習得の段階性
3.1　日本語を第1言語とするJ児の習得プロセス

まずは，日本語を第1言語とするJ児1名の2歳から3歳までの変化を辿ってみよう（詳細は，橋本ゆかり（2007）参照）。

L1幼児はまずは可能の概念を獲得し可能形式を産出し始める。J児は2歳でゼロ形式と「できる」形式を産出した。「できる」は動作を特定しないため，動詞を伴う可能形式の習得が進んでいない段階でも容易に産出できる。2歳2か月になると「行ける」などの「eる」形式を産出するようになる。「eる」形式については，固まりのまま丸暗記で語彙

として学習されることが渋谷勝己(1994)において指摘されている。

2歳5か月になると,「書ける」といった「eる」形式の規範形が産出される一方で, (1)のような非規範形も同時に産出された。

(1) これ, 書け<u>れ</u>ないよ。これ, 書け<u>れる</u>。

(1)は「れる」形式であるが,「eる」形式と「れる」形式の知識が相互作用し創発した混交形である。「書け」が共通して使用されていることから, 図2に示すような「書け」をピボット(軸)にした「書け+動詞接辞」という「スロット付きスキーマ」(橋本ゆかり(2011, 2018))が生成されていることが考えられる。スキーマとはインプットの具体例を蓄積し, 認知能力により抽象化し構造化した枠組みのようなものである(辻幸夫(編)(2013))。スキーマは無意識に獲得される暗示的知識となり長期記憶として保持される。暗示的知識とは説明できないが直観でわかる知識のことで, 説明のできる明示的知識と対照させて捉えられる。暗示的知識は自動化された知識であり, 即時産出が可能である。

【書け(ピボット)+動詞接辞(スロット)】
図2 「書け」をピボットにした「スロット付きスキーマ」

同時期に,「付けれない」(付けられない)(以下, 発話直後の( )内の文は意図を示す),「あげれない」(あげられない)の産出も見られた。「れる」形式の産出が増えつつあることから,「れる」についての知識が蓄積されて, 図3に示すような「れる」をピボットにした「動詞語基+れる」といったスキーマ(以下,「れる」スキーマと称す)が生成されていることが推察される。スロットの中に動詞の語基を入れることも習得したものと推測される。また語基の「書け」からは, 可能の意味を付加するために末母音をeにするというルール, つまり「□e」という語基スキーマを生成している可能性も考えられる。

【動詞語基(スロット)+れる(ピボット)】
図3 「れる」をピボットにした「スロット付きスキーマ」

3歳になると,「られる」形式が産出された。(2) は, ゼロ形式「開ける」の「る」を「られる」へ変換している。図4に示すように,「られる」をピボットにした「動詞語基+られる」といったスキーマ (以下,「られる」スキーマと称す) が生成されていることが考えられる。

(2) ドアから, 開けるから, 開けられるから

【動詞語基 (スロット) +られる (ピボット)】
図4 「られる」をピボットにした「スロット付きスキーマ」

3.2 L1 幼児の習得順序

3.1 の結果を踏まえて, L1 幼児の習得順序をまとめてみる。L1 幼児は, 類推能力によりインプットから機能が類似する, つまり可能を表す形態を記憶する。その後に形態の共通性からスキーマが生成される。L1 幼児の習得順序は表2のとおりである。「ことができる」形式は見られなかったが, これ以降に習得されると推測し, 表中に含めた。

表2　L1 幼児の可能形式の習得順序

習得段階	形式・スキーマ	産出例
第1段階	ゼロ形式,「できる」形式	取んない, できる
第2段階	「eる」形式	行ける
第3段階	「れる」形式・スキーマ	書けれない
第4段階	「られる」形式・スキーマ	開けられる
第5段階	「ことができる」形式	

4. L2 大人の習得の段階性

それでは, L2 大人はどうであろうか。ここでは『中国語・韓国語母語の日本語学習者縦断発話コーパス』(以下, C-JAS) の中国語母語話者のC1, 韓国語母語話者のK2, 韓国語母語話者のK3の発話を分析する。3名とも, 1年間同じ日本の日本語学校で同じ教科書を使い初級から日本語を学んでいる。調査は, 日本語母語話者との自由会話によるも

ので，日本語学習約 3 か月から 3，4 か月ごとに 1 回で，全部で 8 期行われた。

4.1　中国語母語話者の C1 の習得プロセス

　まずは，中国語母語話者の C1 の産出のプロセスを辿ってみる。

　1 期にゼロ形式と「できる」形式を産出した。（3）は「はいれない」と言うべきところを汎用性のある「できる」で産出している。

　　（3）　日本語の専門学校できないよ　　　　　　　　<1 期：0254>
　　　　　（<　>内は「時期」：「C-JAS 発話番号」を示す。）

　さらに，（4）に示すように動作を表す名詞「遊び」と「できる」が結合した非規範が見られた。後続の「勉強できない」という「漢語名詞＋できる」構造から類推したのかもしれない。あるいは語順は違うが「能够（できる）＋名詞」という母語の中国語から考えたのかもしれない。

　　（4）　遊びできない，勉強できない　　　　　　　　<1 期：0896>

　3 期に，（5）に示すように「れる」形式が産出された。

　　（5）　サリーマンの夜の，〈うん〉，なんか，世界が見れて
　　　　　　　　　　　　　　　　　　　　　　　　　　<3 期：0130>

　　　　　（以下，発話中〈　〉は対話者の発話を示す。）

「れる」形式の産出は 1 回のみであるため，柔軟かつ創造的というよりは固まりのままの産出である可能性が高い。同時期に（6）に示すような「ことができる」形式が産出されている。

　　（6）　日本でずーっと住んでくことができない　　　<3 期：0368>

（6）は「ずっとは住めない」「ずっと住むことはできない」と表現すべきところである。アスペクト標識「ていく」により動作が将来も継続する意味を付与し，それを図 5 に示すような「動詞ル形＋ことができる」スキーマのスロットに当てはめたと考えられる（以下，「ことができる」スキーマと称す）。「ずっと」と「ていく」の両方で，意味の明確化を図ったのかもしれない。「ずっと暮らしていく」が規範であるが，「暮らす」と「住む」の意味の類似性からより身近な言葉である「住む」を誤って選択した可能性もある。いずれにしても，この後にインプット

と照合し検証することで慣例を獲得することが推測される。

【 動詞ル形 （スロット）＋ことができる（ピボット）】
図5　「ことができる」をピボットにした「スロット付きスキーマ」

3期には「eる」形式も産出された。5期には「寝られない」「心配してられない」と「られる」形式の産出が多く，（7）のような非規範形が見られたことから，「られる」スキーマの生成が推察される。

　（7）　2年間，もう，一生 忘れら，られない　　　　<5期：0022>

7期になると，（8）のような可能を表す語基の「□e」と「れる」形式の混交形が出現した。「れる」スキーマが生成されている可能性が考えられる。8期にも，（9）に示すような「れる」スキーマからの産出であると判断できる発話が見られている。

　（8）　疲れたら もうねー，すぐ寝れれます　　　　<7期：0212>
　（9）　一番難しいの患者さん，やっぱり，みんな受けれないでしょう？　　　　　　　　　　　　　　　　　　　<8期：0723>

C1の習得プロセスは図6のとおりである。以下，図中Sは，スキーマ生成を示す。

1期	2期	3期	4期	5期	6期	7期	8期
ゼロ「できる」							
	「ことができる」S						
		「れる」「eる」					
				「られる」S		「れる」S	

図6　中国語母語話者のC1の可能形式の習得プロセス

4.2　韓国語母語話者のK2の習得プロセス

次に，韓国語母語話者のK2の産出プロセスを辿ってみよう。

1期に「できる」形式と「ことができる」形式が出現した。「言うことができない」「することはできない人」など，「ことができる」形式が

共通して多く用いられていることから,「ことができる」スキーマが生成されている可能性が考えられる。「れる」形式の産出も見られたが,1回のみであった。

2期になると,ゼロ形式,「eる」形式および「られる」形式が出現し,3期には,(10)のような「られる」形式の非規範の形が見られた。

(10) じぇんじぇん,もう そのなんか<u>売らなかったし</u>,<u>売られなかったし</u>　　　　　　　　　　　　　　　　　　　　　　　　　　　　　　　　　　　＜3期：0295＞

(10)において,ゼロ形式から「られる」形式へと変化させていることから,標識無しから有りへといった習得の方向性が窺える。「売られなかった」という非規範の形式からは,「られる」スキーマの生成が推察される。4期には,「教えられない」「教えられる」「忘れられんから」と「られる」形の産出が増えていることから,「られる」が特に注目されスキーマが活性化していることがわかる。

7期になると,「来れます」「変えれない」「温めれん」などの「れる」形式が複数出現する。(11)のような「eる」形式との混交形も見られた。このことから,「れる」スキーマが生成されていることが考えられる。

(11) 3つの味いっぺんに<u>味わえれますよ</u>　　　　＜7期：1086＞

K2の習得プロセスは図7のとおりとなる。

<u>1期</u>　<u>2期</u>　<u>3期</u>　4期　5期　6期　<u>7期</u>　8期

「できる」「れる」

「ことができる」S

　　　ゼロ「eる」「られる」

　　　　　　　「られる」S　　　　　　　　　　「れる」S

図7　韓国語母語話者のK2の可能形式の習得プロセス

4.3　韓国語母語話者のK3の習得プロセス

韓国語母語話者のK3の産出プロセスを辿ってみよう。

1期に「できる」形式と「eる」形式の産出が見られた。「eる」形式は「作れない」のみである。2期にゼロ形式と「ことができる」形式が

出現し，3期には(12)に示すように「られる」形式が出現する。

  (12) 信じられない   <3期：0228>

5期には「られる」形式の産出が増え，(13)に示すような，「eる」形式と「られる」形式との相互作用によって創出された混交形が見られた。「られる」スキーマが生成されていることが考えられる。

  (13) ソウルだったら，えらべ，られません <5期：0868>

6期にも(13)と同様の混交形が見られた。(14)に示す。

  (14) じゃいさんも半分はもらえられないし〈もら，あ，そか，もらえないか〉もらえないし <6期：0264-0266>

(14)では，対話者から暗示的フィードバック「もらえない」を受け，「られる」形式の非規範に気づき規範に言い換えている。「動詞語基」+られる」というルールを検証し修正に成功している。

6期に(15)(16)のような「れる」形式の産出が見られた。「れる」スキーマの生成が推察される。

  (15) 1人くらしは悲しくて寂しくて〈あーそう〉，耐えれないんですよね   <6期：0866>
  (16) またのうきょうに使われるんじゃないかなと思って（また農業で使えるんじゃないかなと思って） <6期：0944>

K3の習得プロセスは図8のとおりとなる。

1期	2期	3期	4期	5期	6期	7期	8期

「できる」「eる」
  ゼロ「ことができる」
      「られる」 「られる」S「れる」S

図8 韓国語母語話者のK3の可能形式の習得プロセス

4.4 L2大人の習得順序

 L2大人3名の習得順序をまとめてみると，表3のようになる。L2大人の場合，初期段階で複数の可能形式が現れている。

表3 L2大人の可能形式の習得順序

習得段階	形式・スキーマ	産出例
第1段階	「できる」形式，ゼロ形式 「ことができる」形式，スキーマ 「eる」形式 「られる」形式 「れる」形式	できる，売らなかった 話すことができる 作れない 信じられない 見れる
第2段階	「られる」スキーマ	選べられません
第3段階	「れる」スキーマ	耐えれない

5. L2幼児の習得の段階性

　これまで見てきたL1幼児とL2大人を比較すると，習得順序には相違点が見られた。この相違点は，L1かL2かの違い，あるいは年齢の違いによるものなのだろうか。L2幼児の習得プロセスを探ることで明らかにしたい。英語母語のE1児（入園（3歳）後6か月目調査開始），英語母語のE2児（入園（4歳）後1か月目調査開始），フランス語母語のF1児（入園（3歳3か月）後1年7か月目調査開始）の3児の発話を幼稚園において採集し，分析する（詳細は，橋本ゆかり（2007）参照）。

5.1　英語母語のE1児の習得プロセス

　まずは，英語母語のE1児の産出のプロセスを辿ってみる。

　3歳6か月に「できる」形式が産出され，3歳7か月には（17）（18）に示すように英語と日本語が交じり合った形態が見られた。（17）（18）のHalloween, Numbers Puzzleは外来語とも考えられるが，英語の発音であった上に，Numbers Puzzleが英語のゲーム名称であることから，英語の語彙体系からの産出であると判断できる。

　　（17）　Halloween できる
　　（18）　E1ちゃん，Numbers Puzzle できる

　日本語の名詞と「できる」との結合も多く見られた。L2幼児が幼稚園の先生や周囲のL1幼児の「鉄棒できる」「お料理できる」といった「できる」を伴う産出を多く聞くことで，図9に示すような「できる」

をピボットにした「スロット付きスキーマ」(以下,「できる」スキーマと称す) を生成したことが考えられる。

【名詞（スロット）＋できる（ピボット）】
図9　「できる」をピボットにした「スロット付きスキーマ」

「名詞＋できる」は,周囲の発話を蓄積することで生成した抽象度の低いルールであると言える。(17)(18)は,「ハロウィーンに行く」「ナンバーズパズルをする」の「行く」「する」を「できる」に置換したのではなく,事態において目立つ名詞をスロットに当てはめて発せられた発話であると推察される。これは文法に則した産出ではなく,コンテクスト（場面や文脈）に依存して意図を伝える語用論的発話である。

4歳1か月にゼロ形式が見られた。

(19)　〔蓋を開けようとして〕(以下,〔　〕内は産出状況を示す。)
　　　開(あ)けない（開けられない）

「開けない」はゼロ形式ではあるが,動作内容を特定した動詞である。汎用性のある「できる」を使用する段階からシフトしたと言える。「開ける」の否定形＝「開けない」といった結び付きから,産出された可能性もある。否定形の後に可能の否定形といった具合に1つずつ標識を増やしていくことが考えられる。

4歳2か月には,「できる」スキーマのスロットに名詞ではなく動詞を入れ始めた。

(20)　赤ちゃんね,食べてできるよ（食べられる）
(21)　振って振ってできるよ（ばいばいできるよ）
(22)　ママに,折り紙,作ってできるよ（作れるよ）

(20)～(22)から「動詞テ形＋できる」といったスキーマが生成されていることが推察される。L2幼児がテ形を無標つまり基本の動詞形として習得したことが考えられる。動作内容を表す動詞,そして可能の意味を表す「できる」を用いて,より精密に意図を伝えようとする段階にシフトしたと言える。

4歳8か月には，スロットの中に他の言語要素を加えたテ形を入れ始めた。(23)に示すように，完了の意味やそれに伴う気持ちも表出したいがために，「できる」スキーマのスロットに「ちゃって」付きの動詞を当てはめている。

(23) 〔お弁当の中の肉が大きいという話をしている時〕<u>はいっちゃってできないんだよ</u>

「はいらないんだよ」「いれちゃうことができないんだよ」の意味である。4歳11か月には，(24)に示すように，「習慣」の意味を伝える副詞「いつも」が言えず，スロットにアスペクト標識の「ている」付きで動詞を入れている。動詞がテ形からテイル形の基本形に変化した。

(24) いっぱい<u>食べてるできる</u>

「動詞テ形＋できる」は，のちに規範形式に変わる。例えば，4歳2か月に産出された「作ってできる」は4歳3か月に「作れる」に変化した。「スロット付きスキーマ」という抽象度の低いルールに基づく「作ってできる」を「作れる」という規範の「eる」形式に置換したことになる。

4歳11か月と5歳3か月には「れる」形式の「食べれる」が産出された。

E1児の習得プロセスは図10のとおりである。

3歳6か月／7か月	4歳1か月	4歳3か月	4歳11か月
「できる」S	ゼロ	「eる」	「れる」

図10　英語母語のE1児の可能形式の習得プロセス

5.2　英語母語のE2児の習得プロセス

次に，英語母語のE2児の産出プロセスを辿ってみよう。

4歳3か月に「できる」形式が出現し，4歳8か月になると(25)のようなゼロ形式が見られた。

(25)　C（友達の名前），ゼリー，<u>食べない</u>。You <u>can't eat</u> jelly

幼稚園では，デザートはお弁当を全部食べ終えてから食べるという約

束事がある。E2児は，お弁当を食べずにゼリーを食べ始めた友達Cに注意している。(25)からは，E2児がすでに可能の概念をもち，それに相当する言語の表現があることも知っていることがわかる。ただし英語では，can't eat と動作の可能否定を言語化できるが，日本語では動作の否定しかできない段階にあると言えよう。

　4歳9か月に，(26)に示すような「eる」形式の産出が始まった。

　　(26)　僕，全部英語<u>しゃべれる</u>

　英語クラスの話になると，園児たちが自慢げに「英語，しゃべれる」と言い合う場面が観察された。英語母語のE2児は，実生活に密着し，かつ自己アピールできる，必要性の高い表現を早期に覚えたことが考えられる。この時期，E1児同様，「名詞 +できる」の産出も見られた。5歳になると，(27)のような「動詞テ形 +できる」が出現した。

　　(27)　<u>食べてできる</u>

　5歳1か月に「しゃべってできる」「作ってできる」も産出された。このことから「できる」スキーマが生成されていることが推察される。
　「しゃべれる」は4歳9か月に，「作れない」が4歳10か月に産出されていることから，固まりで記憶した「eる」形式の産出を先に行い，後で「できる」スキーマに基づき創造的に産出したと推察される。「しゃべってできる」は(28)に示すように，「しゃべれる」と併用されている。動作部と機能部から成る単純な構造である「スロット付きスキーマ」からの産出を先に行い，後で規範形に言い換えている。

　　(28)　僕，台湾，<u>しゃべってできる</u>。僕おとうさん，Taiwanese と
　　　　　American，<u>しゃべれる</u>

　(27)の「食べてできる」は，5歳1か月になって「れる」形式の「食べれる」に変化している。

　E2児の習得プロセスは図11のとおりである。

　　　　4歳3か月　4歳8か月　4歳9か月　　　5歳／1か月
　　　　「できる」　　ゼロ　　　「eる」　　「できる」S　「れる」

　　　　図11　英語母語のE2児の可能形式の習得プロセス

5.3 フランス語母語のF1児の習得プロセス

最後に，フランス語母語のF1児の産出を辿ってみよう。

4歳11か月に「できる」形式が見られ，E1児，E2児と同様に「名詞＋できる」が出現した。5歳4か月になって「eる」形式が産出された。同時期に，E1児，E2児と同様に，「できる」スキーマからの産出であると考えられる「付いてできる」やアスペクト形式のテ形をスロットに当てはめた「待っててできる」などが産出された。5歳4か月の最後の調査では (29) のような言い換えが見られた。

(29) 〔蟻の巣を指して〕僕, <u>はいってできない</u>。僕, <u>はいれない</u>。
　　　僕, <u>はいってができない</u>

「はいってできない」が直後に「eる」形式に置換されている。「動詞テ形＋できる」から「eる」形式へと進む習得の方向性が窺える。同様の言い換えがE2児においても確認されている。さらに，その後，「が」が挿入された「動詞テ形＋ができる」という少しレベルの高い構造スキーマからの産出が見られた。こういったプロセスは，「動詞テ形＋できる」が動詞の可能形へ，あるいは「ことができる」形式へと発達する可能性を示唆していると推察される。

F1児の習得プロセスは図12のとおりである。

4歳11か月　　　　　　5歳4か月

「できる」　　「できる」S　　「eる」「ができる」S

　　　図12　フランス語母語のF1児の可能形式の習得プロセス

5.4 L2幼児の習得順序

L2幼児3名の可能形式の習得プロセスを繋ぎ合わせてみると，表4のようになる。「られる」「ことができる」は，これ以降に習得されると推察されるため，表中に含めた。L2幼児には，L1幼児とL2大人のような2形式の混交期も確認することができなかった。

表 4 L2 幼児の可能形式の習得順序

習得段階	形式・スキーマ	産出例
第1段階	ゼロ形式,「できる」	開けない
第2段階	「できる」スキーマ 「eる」形式	食べてできる しゃべれる
第3段階	「れる」スキーマ	食べれる
第4段階	「られる」スキーマ 「ことができる」	

6. L1 幼児, L2 大人, L2 幼児の習得順序における共通性と差異

　この論文では, 可能形式に焦点を当て, L1 幼児, L2 大人, L2 幼児において, 年齢や L1 か L2 かの違いがあっても習得順序は同じなのか, あるいは異なるのかを探った。その結果, 共通性と差異が混在していることが明らかとなった。本節では, まずは L1 幼児, L2 大人, L2 幼児の共通性を抽出してまとめ, 次に共通性と差異が混在する現象について 1. の論理（図 1-a, b 参照）から現象を整理した上で, 原因を紐解いてみたい。

6.1　L1 幼児, L2 大人, L2 幼児の共通性

　L1 幼児, L2 大人, L2 幼児の共通点として主に 2 つのことが指摘できる。1 つ目は, インプットに基づいた可能標識をピボットにした「スロット付きスキーマ」が生成されることで可能形式の習得が進んでいくことである。学習者は「スロット付きスキーマ」のスロットを埋めながら産出を行い, 一方で産出表現が母語話者と同じかどうかに注意を払いつつ習得を進める。

　2 つ目は, L1 幼児, L2 大人, L2 幼児とも, 可能標識の無いものから有るものへ, そして活用不要な形式から必要な形式へ習得が進むことである。L1 幼児はゼロ形式から可能形へと進め, L2 幼児は L1 幼児と同様にゼロ形式から可能形へ, そして「できる」スキーマから可能形へと習得を進めた。L2 大人は「できる」形式や「ことができる」スキーマから

可能形へと習得を進めた。L2大人においてゼロ形式から可能標識有りへといった方向性が見られたが、ゼロ形式として確認できたものはそれほど多くなかった。これはL2大人が教室で可能形式を学習しているためと推察される。これらのL1幼児、L2大人、L2幼児の現象からは、言語習得は認知的処理の容易な形式からむずかしい形式へ進むと言える。

6.2　年齢による共通性と差異

　次に、共通性と差異が混在していた点について、図1-aで示した論理に基づき、年齢から考えてみる。つまりL1幼児とL2幼児に共通し、L2大人と異なる現象についてである。L1幼児とL2幼児は「れる」から「られる」形式へ、その後「ことができる」形式へと習得を進める点で共通し、L2大人は「られる」と「ことができる」形式を比較的早期に産出し、おおむね逆方向に習得を進めると言える。

　では、なぜL1幼児とL2幼児は「れる」から「られる」形式へ習得を進めるのか。まずはインプットの量が原因として挙げられる。「れる」は一段動詞、五段動詞、カ変動詞に付く場合（ラ抜き形式を含む）があり、さらに「られる」に「れる」が含まれる。必然的に「れる」のインプットの量が多くなる。また、「れる」は「られる」よりも音調曲線が短く発音しやすい。これに対しL2大人については、「れる」形式を早期に産出する学習者もいたが、3名とも「れる」スキーマよりも「られる」スキーマを比較的早くに生成していた。これは教室で学習した助動詞「られる」がルールとして意識され記憶に残ったのではないかと考える。

　「ことができる」形式も、どちらかというと書き言葉であるためインプットの量が少ない。また形式名詞の「こと」や助詞「が」は抽象的な要素なので、幼児の理解が及ぶのに時間が掛かる。このためJ児には産出が見られなかったと推察される。L2幼児は「できる」の後に助詞を挿入した「ができる」を産出した。この後「こと」を補い「ことができる」といった規範の構造へ近づけることが推察された。これに対しL2大人の「ことができる」形式の習得が早いのは教室のインストラクションの影響が考えられる。動詞の活用が不要で認知的処理の要求度の低い

「ことができる」が教科書の『可能形』で先に導入されている。

　ここでL2大人の習得についてもう少し考察を進めてみよう。L2大人は，L1幼児やL2幼児と異なり，早い段階で複数の形式が揃っていた。L2大人は教室学習で得た知識を組織点とし現実の場面で検証していたと言える。早期より知っていた複数の形式の棲み分けは，現実世界で得られるインプットに即したものへと調整され，学習で得た明示的知識は使用の中で，スキーマつまり暗示的知識へと変化することが考えられる。

6.3　L1かL2かによる共通性と差異

　それでは，次に **1.** の図1-bに示したもう1つの論理に基づき，L1かL2かの違いから現象の解明を試みてみよう。ここでL2幼児の習得プロセスに着目すると，L2幼児には，L1幼児と同様に「れる」「られる」形式へと習得を進める前に，L1幼児にはない「できる」スキーマを生成する段階があった。この期間，インプットの量が少ないL2幼児はインプットを蓄積し規範形を模索していたと考えられる。「できる」スキーマは，L2幼児にとって，簡単な方法で意図を伝達でき，次のステップへと繋ぐ橋渡し的役割を担う重要な表現であったと言える。このような「できる」スキーマからの産出はこの論文のL2大人の発話に明確には見られなかったが，他のL2大人データでは報告されている。(30)(31)に示す。

　　　(30)　あー今度あの自分で京都市，いろいろなとこ行く，できます
　　　　　　（英語母語話者）(『KYコーパス』)　　（渋谷勝己（1998）より）
　　　(31)　きのうの午後，娘，ぜんぜん，寝てる，できない（寝られなかった）(マレー語話者)　　　　　（迫田久美子（2012）より）

(30)(31)ともスロットの中に動詞を入れている。ただし，(30)の発話者について『KYコーパス』作成者に確認したところ，教室習得の可能性が高いということである。(31)は自然習得者である。(31)は，L2幼児の発話(24)と同様にアスペクト形式の動詞を入れている。

　基本的には，「動詞+できる」形式は，インプットの量が足りず規範形が見出せない状況の時に産出されるものと考えられる。教室学習の

L2大人は教室で習っているので，規範形を知っているものの即時的に可能標識を選択し接続形態を作り出すことができない状態だとも考えられる。知識としてあることと運用できることは別である。また動詞と可能標識を統合させるという複雑な操作を回避する事態とも考えられる。

　この「できる」を伴った産出形態について，L2大人とL2幼児をL2として一括りにし，L1との習得の仕方の違いといった観点から考えてみよう。日本語のような膠着言語を学習するL1幼児は，接触するコンテクストから動作内容と機能の意味が混然一体となった融合形態の可能形を1つの固まりで初期に習得することが考えられる。すでに可能の概念をもち母語の学習経験のあるL2幼児とL2大人は，母語の概念単位を基に動作部も機能部もそれぞれが自立した1つのユニットとして初期から捉え，動作部に□を，機能部に「できる」を対応させ「動作内容＋できる」構造を産出する傾向が強いのではないかと考える。L2幼児の初期の発話（17）（18）の英語との混交形態もこの推論を裏づけている。ただし教室学習のL2大人は日本語が融合形態であることを学んでいるため，L2幼児のほうが「できる」スキーマからの産出が多いことが考えられる。この論文のL2大人に「できる」スキーマからの産出が確認できなかったのもそれが理由ではないかと考える。

　では，L2に共通して見られる「できる」スキーマの現象は，L2大人とL2幼児と全く同じものだろうか。年齢差に起因する違いはないのか微視的に追究してみると，L2大人がスロットに動詞のル形を入れているのに対し，L2幼児は初期に動詞のテ形を入れていることに気づく。なぜテ形なのだろうか。テ形は命令形や，「〜ている」「〜て，〜」といった多用な機能表現で使用される。幼稚園での観察では，周囲の園児が遊びや共同活動で役割分担する時や，手伝いをしてほしい時にテ形をよく使用していた。幼稚園の先生も「〜てください」とテ形で動作を指示していた。L2幼児は限られたインプットからテ形を無標つまり基本の動詞形として抽出した可能性がある。L2幼児は（23）（24）に示したようにスロットにアスペクトなどの他の意味を表す標識の付いたテ形やテイル形の基本形を入れるようになる。テ形，アスペクト形式のテ形，そ

して基本形へと徐々に変化を遂げるスロットの中身からは，インプットから得た手持ちの表現を最大限活用し意図に近づけようとする L2 幼児の能動的な習得が窺える。

7. 習得プロセスに影響する要因と特徴のまとめ

　前節では，L1 幼児，L2 大人，L2 幼児の共通性を抽出し，加えて共通性と差異が混在する現象については，年齢と L1 か L2 かを糸口としてそれらの原因を探った。この 2 つのうちどちらか一方ではなく，双方の視点を用いることで明らかになることもあった。インプット，認知的負担度，インストラクション，母語といった要因がいくつか浮かび上がり，それらが絡み合いながら習得順序を形成していることが明らかとなった。この点について，おおむね，次のようにまとめられる。

　　（32）　インプットの量と認知的負担度が習得順序の主な決定要因である。インプットはルールの生成に加えて修正にも必要であるため，インプットの量は言語体系の精密さに影響する。ただし認知的負担度については，学習者の年齢や認知的発達レベルも関係してくる。

　　（33）　教室におけるインストラクションは，L2 開始時の学習者の知識体系と，習得の方向性に影響する。

　　（34）　母語の知識は，第 2 言語のルールを類推する元データとなり，知識が不完全な状態での運用時に補完的に用いられる。

　最後に，L1 幼児，L2 大人，L2 幼児を各々相対させることで特徴を示し，教育的示唆に言及する。L1 幼児も L2 幼児も具体事例を起点とする習得である。L2 幼児はインプットが L1 幼児ほど得られないため，「できる」スキーマという抽象度の低いルールを生成する段階があった。L2 大人は教室学習で得たルールを現実世界で検証していくという，幼児とは逆方向を辿っていた。L2 大人は，L1 幼児のようなインプットからルール生成を行い相互に関連づけていくプロセスとは異なるため，L1 幼児と違う言語体系を構築してしまう可能性がある。今井むつみ（1993）は L2 大人の語彙知識が母語話者の知識体系と異なり面ではなく

点で存在していると指摘している。ルールに関しても個々の知識を緊密に繋げていくような教育が必要であると考える。

　この論文で示した習得順序は限られたデータに基づく仮説にすぎない。L2大人を例に挙げると、「られる」スキーマの生成が「れる」に先行するという結果を提示したが、L2大人の教室学習者と一括りにしたところで、学習したことをどの程度学習者が意識し習得に生かすのかも影響するであろう。Pica（1983）は自然習得者よりも教室学習者のほうが形態素を過剰使用する傾向があることを指摘している。学習内容をあまり意識しないL2大人、あるいは自然習得のL2大人は外界のインプットに基づいて「れる」スキーマを先に生成するという、この論文の結果とは異なる習得順序もありうる。今後は個人差要因も併せて検討していく必要がある。しかしながら長期的縦断調査に基づいてL1幼児、L2大人、L2幼児の習得順序の共通性を見い出し、加えてその差異を要因により統一的に説明したことは言語習得のメカニズム解明の一助となると考える。

調査資料

『中国語・韓国語母語の日本語学習者縦断発話コーパス（C-JAS）』（および検索システム）コーパス，国立国語研究所．（https://ninjal-sakoda.sakura.ne.jp/c-jas/web/）

『KYコーパス』，鎌田修・山内博之，version 1.2，2004．

引用文献

今井むつみ（1993）「外国語学習者の語彙学習における問題点―言葉の意味表象の見地から―」『教育心理学研究』41，pp. 245–253，日本語教育心理学会．

迫田久美子（2012）「非母語話者の日本語コミュニケーションの工夫」，野田尚史（編）『日本語教育のためのコミュニケーション研究』pp. 105–124．くろしお出版．

渋谷勝己（1994）「幼児の可能表現の獲得」『無差』創刊号，pp. 23–40．京都外国語大学日本語学科．

渋谷勝己（1998）「中間言語における可能表現の諸相」『阪大日本語研究』10，pp. 67–81，大阪大学日本語学研究室．

辻幸夫（編）（2013）『新編 認知言語学キーワード事典』研究社.
野田尚史（編）（2012）『日本語教育のためのコミュニケーション研究』くろしお出版.
橋本ゆかり（2007）「幼児の第二言語としてのスキーマ生成に基づく言語構造の発達―第一言語における可能形習得との比較―」『第二言語としての日本語の習得研究』10. pp. 28-48. 第二言語習得研究会.
橋本ゆかり（2011）『普遍性と可変性に基づく言語構造の構築メカニズム―用法基盤モデルから見た日本語文法における第一言語と第二言語の異同―』風間書房.
橋本ゆかり（2018）『用法基盤モデルから辿る第一・第二言語の習得段階―スロット付きスキーマ合成仮説が示す日本語の文法―』風間書房.
Krashen, Stephen (1987) *Principles and Practice in Second Language Acquisition*. London: Prentice-Hall International.
Pica, Teresa (1983) Adult acquisition of English as a second language under different conditions of exposure. *Language Learning* 33. pp. 465-497.

あとがき
―学習者コーパスと日本語実用言語学国際会議―

1. コーパスへの関心の高まりと本書

　言語発達研究などの言語調査では，データ収集ばかりでなく文字化に膨大な時間を費やすことになる。結果として，かつては少人数のデータもしくは事例研究（ケーススタディ）しか選択肢がなかった。言語データ共有システムとして体系化されたコーパスは，このような限界を解決してくれる可能性を秘めている。近年，日本語研究・日本語教育の分野でもコーパスへの関心が高まってきていることは誠に喜ばしい。

　『学習者コーパスと日本語教育研究』は 2014 年 3 月 22 日，23 日の両日，国立国語研究所（以下，国語研）で開催された『第 8 回日本語実用言語学国際会議』(8th International Conference on Practical Linguistics of Japanese：略称 ICPLJ) でのパネルセッション「コーパスと日本語教育」を中心に編纂したものである。とりわけ，第 1 部「学習者コーパスの構築と研究方法」の 3 論文（小林論文，野田論文，渋谷論文）と第 4 部「学習者コーパスによるバリエーション研究」の迫田論文は，パネルセッション発表をより発展，深化させた論文だと捉えられる。同じく第 4 部に収められている橋本論文は第 8 回 ICPLJ での一般口頭発表「言語習得理論を研究の視点としたコーパス分析―第一，第二言語習得の幼児・成人の三者間の比較―」の進化形だと解釈できよう。

　上記の論文ばかりでなく，読者の方々には，本書に収められている複数の論文，第 2 部「学習者コーパスによる語彙研究」で論じられている話し言葉コーパス（KY コーパス：山内論文），ならびに，書き言葉コーパス（李論文），第 3 部「学習者コーパスによる文法研究」にある書き言葉コーパスを使用した分析（中俣論文，砂川論文）を併せ読んでいただくと，そこに構築されている科学としての言語の側面，すなわち，自然言語処理技術や統計的データ解析の技術を駆使した言語科学としての言語学の世界にいっそう興味をもっていただけるものと信じる。

2. 日本語実用言語学国際会議（ICPLJ）が目指すもの

　元来，ICPLJ は，故三島登志子サンフランシスコ州立大学教授に捧げる記念学会として 1998 年 5 月に発足した。サンフランシスコ州立大学日本語科では，故三島先生をはじめとする教授陣の指導の下，日本語教師を目指す大学院生の教育を行なってきた。そうした中で，ICPLJ は，日々，教育現場の最前線に立っていらっしゃる日本語教師の方々と，日本語言語学の最先端で活発な研究活動をしておられる研究者の方々に有意義な交流の機会を提供し，この 2 つの分野の間の「かけ橋」となることを目的として設立された。

　こうした ICPLJ の精神は今日に至るまで脈々と引き継がれている。ICPLJ では，ある特定の理論の構築を目指す研究ばかりでなく，基本的な理論を踏まえて言語現象の詳細を記述し，そこから日本語教育に実践的に敷延させる姿勢を維持してきた。たとえば，言語処理や言語習得においては文脈依存的処理が必要だが，処理過程における働きなどの研究も含まれている。補足になるが，第 1 回から第 6 回 ICPLJ での優れた研究発表論文は『言語学と日本語教育』シリーズ第 1 巻から第 6 巻（くろしお出版）にそれぞれ収録されているので，言語学・日本語教育・自然言語処理などに興味をお持ちの読者には，ぜひご覧いただきたい。

　第 8 回 ICPLJ は，ついに太平洋を渡って国語研で開催された。この記念すべき国際会議を開催する貴重な機会をいただいたことに深く感謝の意を表したい。とりわけ，ICPLJ を日本で開催することを強く推し進めてくださった国語研前所長の影山太郎先生には，この場を借りて感謝を申し上げたい。故寺村秀夫先生の信念として「日本語の研究というのは日本語教育に役立たなければ意味がない」ということを，影山先生は述べておられるが，ICPLJ もそうした理念に立脚していることを再度，ここで強調しておきたい。

　第 8 回 ICPLJ 開催当時，国語研がドイツの出版社 De Gruyter Mouton との共同プロジェクトである Handbook of Japanese Linguistics シリーズを推し進めており，私がその一冊である *Handbook of Japanese Applied Linguistics* の編集者として，国語研の客員教授を務めていたこともあ

り，学会運営に直接関わることができたのは幸いだった。ちなみに，第9回 ICPLJ は 2016 年 6 月にサンフランシスコ州立大学で，そして，節目となる第 10 回 ICPLJ は影山前所長，野田尚史先生のご尽力で，再び国語研で 2017 年 7 月に開催することができた。今後も ICPLJ が太平洋を行き来することを切に願っている。さらには，ICPLJ が日本語ならびに日本語教育，さらにはそれらの研究への関心を惹起し，本書に見られるように多くの実りのある研究成果が出てくる契機となるようであれば，1998 年の発足より ICPLJ に携わってきた者にとっては望外の喜びである。

3. 最後に

本書『学習者コーパスと日本語教育研究』が完成したのは，ひとえに野田尚史先生ならびに迫田久美子先生のご準備・ご努力の賜物である。読者の方々には，テキスト分析を含めた幅広い射程の研究から日本語そして日本語言語学に対する新しい洞察ばかりでなく，日本語教育への応用，すなわち，実践的な日本語指導を向上させていくための貴重な示唆を得ていただくことができると信じてやまない。

(サンフランシスコ州立大学　南　雅彦)

執筆者紹介

(論文掲載順。*は編者)

小林典子（こばやし のりこ）

筑波大学大学院地域研究研究科修士課程修了（1987年）。修士（国際学）。元，筑波大学大学院人文社会科学研究科教授。著書・論文に『新わくわく文法リスニング100』（凡人社，2017），「SPOT」（『日本語教育のための言語テストガイドブック』くろしお出版，2015），「文法形式への気づきを促す教材と指導」（『日本語教育研究への招待』くろしお出版，2010）などがある。

野田尚史（のだ ひさし）*

大阪外国語大学大学院外国語学研究科修士課程修了（1981年）。博士（言語学）。現在，国立国語研究所教授。著書に『日本語教育のためのコミュニケーション研究』（編著，くろしお出版，2012），『コミュニケーションのための日本語教育文法』（編著，くろしお出版，2005），『日本語学習者の文法習得』（共著，大修館書店，2001）などがある。

渋谷勝己（しぶや かつみ）

大阪大学大学院文学研究科博士後期課程中退（1987年）。学術博士。現在，大阪大学大学院文学研究科教授。著書に『旅するニホンゴ―異言語との出会いが変えたもの―』（共著，岩波書店，2013），『シリーズ日本語史4 日本語史のインタフェース』（共著，岩波書店，2008），『日本語学習者の文法習得』（共著，大修館書店，2001）などがある。

山内博之（やまうち ひろゆき）

筑波大学大学院修士課程経営・政策科学研究科修了（1987年）。現在，実践女子大学文学部国文学科教授。著書に『［新版］ロールプレイで学ぶ中級から上級への日本語会話』（凡人社，2014），『プロフィシェンシーから見た日本語教育文法』（ひつじ書房，2009），『OPIの考え方に基づいた日本語教授法―話す能力を高めるために―』（ひつじ書房，2005）などがある。

李在鎬（り じぇほ）

京都大学大学院人間環境学研究科博士課程修了（2005年）。博士（人間環境学）。現在，早稲田大学大学院日本語教育研究科教授。編著書に『ICT×日本語教育―情報通信技術を利用した日本語教育の理論と実践―』（ひつじ書房，2019），『新・日本語教育のためのコーパス調査入門』（共著，くろしお出版，2018），『文章を科学する』（ひつじ書房，2017）などがある。

中俣尚己（なかまた　なおき）

大阪府立大学大学院人間社会学研究科博士後期課程修了（2009年）。博士（言語文化学）。現在，京都教育大学教育学部准教授。著書に『コーパスで学ぶ日本語学　日本語教育への応用』（共著，朝倉書店，2018），『現場に役立つ日本語教育研究5　コーパスから始まる例文作り』（編著，くろしお出版，2017），『日本語教育のための文法コロケーションハンドブック』（くろしお出版，2014）などがある。

砂川有里子（すなかわ　ゆりこ）

大阪外国語大学大学院外国語学研究科修士課程修了（1982年）。博士（言語学）。現在，筑波大学名誉教授，国立国語研究所客員教授。著書・論文に「ストーリーテリングにおける順接表現の談話展開機能」（『時間の流れと文章の組み立て』ひつじ書房，2017），「逆接の接続詞と談話構成力の習得―日本語学習者の縦断的な作文コーパスを活用して―」（『文法・談話研究と日本語教育の接点』くろしお出版，2015），『文法と談話の接点―日本語の談話における主題展開機能の研究―』（くろしお出版，2005）などがある。

迫田久美子（さこだ　くみこ）[*]

広島大学大学院教育学研究科博士課程後期修了（1996年）。博士（教育学）。現在，広島大学特任教授。著書・論文に「非母語話者の日本語コミュニケーションの工夫」（『日本語教育のためのコミュニケーション研究』くろしお出版，2012），「プロフィシェンシーを支える学習者の誤用」（『プロフィシェンシーを育てる』凡人社，2008），『日本語教育に生かす第二言語習得研究』（アルク，2002）などがある。

橋本ゆかり（はしもと　ゆかり）

お茶の水女子大学大学院人間文化研究科博士後期課程修了（2008年）。博士（人文科学）。現在，横浜国立大学教育学部／大学院教育学研究科教授。著書に『用法基盤モデルから辿る第一・第二言語の習得段階―スロット付きスキーマ合成仮説が示す日本語の文法―』（風間書房，2018），『第二言語としての日本語習得研究の展望―第二言語から多言語へ―』（共著，ココ出版，2016），『普遍性と可変性に基づく言語構造の構築メカニズム―用法基盤モデルから見た日本語文法における第一言語と第二言語の異同―』（風間書房，2011）などがある。

学習者コーパスと日本語教育研究

2019 年 5 月 30 日　　初版第 1 刷発行

編　者　　野田尚史・迫田久美子

発行人　　岡野秀夫

発行所　　株式会社　くろしお出版
　　　　　〒 102-0084　東京都千代田区二番町 4-3
　　　　　TEL: 03-6261-2867　FAX: 03-6261-2879
　　　　　URL: http://www.9640.jp　e-mail: kurosio@9640.jp

印刷所　　藤原印刷株式会社

装　丁　　工藤亜矢子（OKAPPA DESIGN）

© Hisashi NODA and Kumiko SAKODA 2019
　　Printed in Japan　　ISBN 978-4-87424-800-3　C3081
　　乱丁・落丁はおとりかえいたします。本書の無断転載・複製を禁じます。